U0953605

扫码试听有声书
作者原声·壹心理学院

扫码试听有声书
作者原声 · 壹心理学院

贰阅 ERYUE | 阅爱·阅美好

让阅读走心
让阅历丰盛

# 从完美到真实

## 放过你自己

林紫◎著

广东旅游出版社
GUANGDONG TRAVEL & TOURISM PRESS
悦读书·悦旅行·悦享人生

中国·广州

**图书在版编目（CIP）数据**

从完美到真实：放过你自己 / 林紫著．—广州：
广东旅游出版社，2020.5
（我们内心的焦虑）
ISBN 978-7-5570-2063-7

Ⅰ．①从… Ⅱ．①林… Ⅲ．①自我完善化—通俗读物
Ⅳ．① C912.1-49

中国版本图书馆 CIP 数据核字（2019）第 262237 号

**从完美到真实：放过你自己**
Cong Wanmei Dao Zhenshi：Fangguo Ni Ziji

广东旅游出版社出版发行
（广州市环市东路 338 号银政大厦西楼 12 楼　　邮编：510180）
印刷：北京晨旭印刷厂
（地址：北京市密云县西田各庄镇西田各庄村）
邮购地址：广州市环市东路 338 号银政大厦西楼 12 楼
联系电话：020-87347732　　邮编：510180
880 毫米 ×1230 毫米　　32 开　　6 印张　　118 千字
2020 年 5 月第 1 版第 1 次印刷
定价：45.00 元

[ 版权所有 侵权必究 ]

本书如有错页倒装等质量问题，请直接与印刷厂联系换书。

# 目录

## 第 2 章
## 培养深层同理心，放下对幸福的执念
〈 人本主义 〉

## 第 3 章

## 觉察你的存在，拥抱不完美的人生

〈 存在主义 〉

## 第 4 章

# 历练知行合一，唤醒你的强大内心

### 〈 王阳明心学 〉

## 第 5 章

# 学会放下自我，找到内在安宁

〈　东方心理学　〉

# 〈 自 序 〉

## 你太过焦虑，是因为从未与自己在一起

你好，我是林紫。1998 年，我创办了中国早期的非药物心理咨询机构——林紫心理机构。20 多年来，我做过 2 万多小时的个案咨询、800 多小时的团体辅导及上千场心理讲座。我和团队一起，见证了中国心理咨询行业从无到有的发展。

20 多年的心理工作中，我接触了太多人的焦虑：父母为儿女焦虑，儿女为学业焦虑；老板为企业焦虑，员工为业绩焦虑；丈夫为家庭财富焦虑，妻子为婚姻关系焦虑……

同时，所有人似乎都在忙着赶路，头脑里反复念着“快点、快点”，心里却慌张而惶恐，不知道自己最后究竟能够得到些什么。

所有焦虑的背后，都隐藏着三个古老的话题：我是谁？我从哪里来？我要到哪里去？

- 不清楚我是谁，所以把自己的价值放到他人和他物之上。
- 不清楚我从哪里来，所以解不开自己身上重重叠加的期待与捆绑。
- 不清楚我要到哪里去，所以时时刻刻担心着未来会怎样……

这三个话题听起来很形而上，好像一辈子也说不清。也有人觉得这些是哲学题，就留给哲学家去思考吧。

其实，心理学领域有许多实实在在的观点和方法，可以帮你厘清思路、摆脱焦虑。

## 心理学帮你防患于未然，避免不必要的焦虑

20 多年来，我和我的团队服务过外交部、公安部的机关干部，300 多家世界 500 强企业的员工，也先后参与过汶川地震、马来西亚航班失联等灾难背后的公益心理援助。我发现，有太多的心灵伤痛、问题和遗憾，都可以通过早一点了解心理学而加以避免。

几年前，我去南方给上千位家长讲课，听到一个令人十分心痛的真实故事。

一对夫妻想要生两个孩子，但当时国家还没有开放二孩政策，超生要罚许多款。夫妻俩东躲西藏，偷偷生下第二个孩子之后，把孩子悄悄藏在家里。不许孩子大声哭泣，不带孩子出门玩耍，

四五年时间，孩子甚至连太阳都没有晒过。

渐渐地，夫妻俩发现不对劲了，孩子5岁了还不会讲话，不跟家人互动，每天只是一个人缩在角落里，稍微有点声音就浑身发抖。夫妻俩害怕了，冒着被罚款的风险带孩子四处求医，但所有的医生都对他们摇头，说孩子废了，治不了了。

试想，如果这对夫妻早一点知道，剥夺一个孩子哭泣的权利、剥夺孩子健康成长所需的自由和与外界的互动，对孩子的心灵会造成不可逆的巨大伤害的话，他们又怎么忍心亲手废了自己得之不易的孩子呢?

在一次公安部的危机干预培训课上，一位警官课后找到我，说两年前他曾成功救下一名准备跳天桥自杀的少女，少女活了，他却发现自己越来越低落了。少女当时绝望的表情时不时就会闪现在他眼前，让他甚至也产生了站上天桥跳下去的冲动。他说，假如两年前就知道这是心理问题，了解经历危机事件后每个当事人都需要心理干预的话，他会早点寻求帮助，就不必忍受长期失眠的痛苦，更不会因为抑郁而与女朋友分手了。

在汶川地震的灾后心理重建工作中，我还陪伴过这样一个家庭。

这是一个四口之家。地震发生前，父母带着11个月的小女儿在外地打工，留下两岁的大女儿和外婆一起生活。地震中大女儿和外婆不幸遇难，爸爸万分悲痛和自责，开始抽烟、喝酒，喝醉了就骂妻子、打小女儿，对小女儿产生了强烈的愤怒和排斥，不允许小女儿叫爸爸……

妈妈哭着说，小女儿以前从未生过病，但地震之后开始变得越来越虚弱，不停地生病，越是生病，丈夫就越是暴躁，这个家看来要彻底散了……爸爸则愤怒地说，都是你们娘儿俩老惹我生气，这样的家，早点散了的好！

我邀请这位爸爸与我单独交流，帮助他一步步地看到：问题真正的根源在于丧女之痛下没有来得及面对和处理的各种复杂情绪，在于整个家庭都需要的创伤修复。幸运的是，当我们所在的安置点最终撤除时，这位爸爸已经能够重新拥抱小女儿，所有家庭成员又站在一起了。这位妈妈说，幸好遇到了我们，不然她都想带着小女儿自杀了。

幸好，有心理学。心理学本质上就是帮你防患于未然，让你在焦虑来临之前能够平静面对。所以，我有一个越来越强烈的愿望，那就是：将更多的精力放到心理学的普及和早期教育上，预防胜于治疗，让更多非心理学专业的朋友，有机会系统地学点对自己有用的心理学。

## 心理学帮你找到内在原因，避免过度焦虑

不焦虑的人生，并不是完全没有焦虑。适度的焦虑和压力可

以成为动力，过度而持久的焦虑，却会让生命之河干枯。有时候，我们无法摆脱焦虑，是因为烦恼千头万绪，找不到焦虑的根源所在。

举个例子。2018 年世界杯，最令球迷关注和心疼的，莫过于世界顶级球员之一的梅西。在之前的其他热身赛上，梅西频繁出现恶心、干呕的情况。心理学家莫雷哈指出，“恶心是焦虑症的典型症状”。

莫雷哈在分析中进一步补充：“焦虑的根源，极大可能是个人问题，并不一定是球场上的压力所致。诉讼官司、债务问题、家庭纠纷及孩子的出生等，都包括其中。其实运动员也是普通人，在高强度的比赛中，所有这些都会同时涌向你。”莫雷哈给巴萨俱乐部的建议是，要为球员们进行适当的心理疏导。

在人生的球场上，你是运动员，也是观众；你需要看到哪些压力来自球场内，哪些压力来自球场外，并厘清内外的纷扰。这样才能赢得超越自我的比赛。

## 心理学让你摆脱焦虑，生活得更好一点

很多人觉得，心理学很神秘，离生活很远。在我看来，心理学从来都不是高高在上的，它不是心理学家的专属品，而属于每个人；心理学的价值也不只是解决问题，它更大的价值其实是让每个人都能生活得更好一点。

生活得更好一点，意味着内在有更充足的安全感，外在表现得更从容、不焦虑；意味着无论遇到怎样的挑战，内心都十足自信与笃定，有力量成为自己，过自己想要的一生。

英文里有个词叫 well-being，最能贴近我想要表达的状态。中文将它翻译成“幸福”，实际上它比 happiness 所表达的幸福还要多一点，包括：健康、满足、接纳、祥和、心灵自由。

学习心理学，可以让你了解自己的人格特质和职业倾向，找准自己的位置；可以让你改善自己的沟通模式，重建亲密关系；还可以增强你的心理弹性，扩展你的精神视野，帮助你面对挫折和危机；最终可以逐步修复你的内在安全感，让你的心灵更安宁，更愿意跟自己在一起。

怎样才能到达 well-being 的状态呢？我将自己 20 多年来积累的案例故事和所思所感凝聚成“我们内心的焦虑”系列书籍。

在这一系列书籍中，我们将一起跨越心灵的四季——第一季，《从迷茫到清晰：认识你自己》；第二季，《从退缩到成长：发展你自己》；第三季，《从自卑到自信：超越你自己》；第四季，《从完美到真实：放过你自己》。本书为第四季。

认识你自己，就像从各个角度清楚地看见泥土下埋着一颗怎样的种子。发展你自己，则是给这颗叫作自我的种子松土、施肥、浇水，静待花开的过程。超越你自己，是指在自我发展的道路上有荆棘、有打击，还有这样那样的人生挑战和问题等着你，你要敢于超越它们。然而，最终你还要修炼，学会放过自己。因为经历了前三站的旅程，你会发现，无论你多么努力，多么渴望成为理想的自己，人生还是会有这样那样的遗憾和不完满。真正不焦虑的人生，不是我们找到了所有问题的答案，而是允许没有答案的问题存在，同时接纳自己生而为人的局限。

每一季里，都有五个话题围绕主题依次展开。我会围绕你最关心的生活场景作为切入口，并悉心挑选与你最有关联的心理学知识点、案例故事和实用小工具，帮助你所学即所用，系统地梳理自己、梳理生活。同时，每章还会有一个彩蛋，“敲开”问题与你互动。这四季，我会带着你层层递进，逐渐以更广阔的视角、更多元的维度来学习。

与此同时，我也想告诉你，就像任何一门学科一样，心理学也有自己的局限。它的任何理论都是基于某种假设，为我们揭示的是生命的可能性，而非唯一性。它只是我们了解自己、了解他人和世界的通道与可能性之一。它回答不了，也解决不了所有人生问题。

不焦虑的人生没有标准答案。希望通过这一系列书，你能成为自己问题的解决专家，更能成为接纳自己不完美，但有着完整的生命旅程的well-being新贵。希望你可以更清晰地了解自己，形成自己的人生观，坚定自己的方向，选择自己的路径，过好自己仅此一家别无分号的人生。

我更希望你读完后，可以合上眼睛、安然入睡，可以枕着自己的小确幸会心一笑地说：“心理学没有让我成仙，却真的让我感受到了‘脚踏实地、仰望星空’。”

“但愿世间人无病，何愁架上药生尘。”

愿书中文字传递专业与爱，让你的生命如花，次第开放。

需要特别说明的是：为了在保护隐私的同时，能够帮助你加深理解，我在这套书里分享的所有案例，都是结合日常生活中大家常见的现象加以虚拟或合成的。愿你通过他人的故事解读自己的人生。同时，书中列举和引用的心理学实验、数据等，也可能会随着时间和研究的推进而不断更新，请你在阅读时结合最新的科研成果，客观理性地加以理解和运用。书中未能穷尽及难免疏漏之处，还请多多包涵和指出，我和编辑老师将加以修正和补充。

愿：万物生生不息、我们心心相印。

感恩大家，祝福大家。

CHAPTER ONE

第 1 章

# 建设心理环境，丰富你的心理体验

〈 心理场域 〉

## 01
# 人与人之间的信任，到底建立在什么基础之上

〈 完形 〉

一次为企业高管开设的心理工作坊上，我带领大家玩了一个经典的心理游戏：信任之旅。

所有学员两两自愿组合，先用1分钟沟通和建立规则，然后其中一位戴上眼罩，把自己交给对方，全程由对方带领。在彼此不讲话的情况下，在山脚下的酒店内外自由行走15分钟。

20多组搭档陆续出发，我和助手们在一旁仔细观察。其中有三组学员，给我留下了深刻的印象。

第一组两位女士，走到扶梯口后，为了确保安全，带领者居然将被带领者背在了背上。

第二组两位男士，自始至终完全遵守规则，在不讲一句话，也没有任何肢体接触的情况下，只是凭借偶尔打一个响指，居然带领对方走了许多充满挑战的道路，顺利到达目的地。

第三组一男一女。女士在后来分享时说："我作为带领者的时

候，心里还有些责怪对方，我们两人平时是工作好搭档，他应该全然信任我才是，可他却明显表现出不够信任；后来换他来带领，我这才发现，要完全放下自己平时的主观判断和决策习惯充分信任别人，真的不是那么容易。”

假如你来完成一段人生的信任之旅，把自己全然地交托出去，你会选择跟谁一起呢？

你的选项也许会像电影画面一样，一幅一幅地出现在你的脑海里，直到最后定格在其中一幅上。仔细看一看那画面，是什么时候，跟谁在一起，那时的你有多大年纪呢？

这个练习，可以帮助我们了解这一章要学习的完形心理学及完形治疗。

完形心理学是西方现代心理学的主要学派之一，诞生于德国，后来在美国得到进一步发展。它主张研究直接经验和行为，强调经验和行为的整体性，认为整体不等于并且大于部分之和，主张以整体的动力结构观来研究心理现象。

该学派的创始人是马克斯·韦特海默，代表人物还有沃尔夫冈·苛勒和库尔特·考夫卡。他们在当时特定的历史背景下，受到康德的哲学思想、胡塞尔的现象学理论、马赫的理论和形质学派理论，以及19世纪末20世纪初物理学“场论”思想的影响，提出了一系列观点，对心理现象做了全新的解释。

说到完形，你可以回想一下，从小到大，英语考试中常常会有的一道题目：完形填空。完形填空的理论依据，就是来源于完形心理学中关于场的原理。

完形心理学又叫格式塔心理学。格式塔的德语原意为形状、图形，一群研究知觉的德国心理学家将它定义为“完形”。因为他们发现：人们观察物体形状时，往往下意识地把不连贯的空缺部分填补上，然后把它看成一个完整的形状。同样，**人们对一个人的印象，也是“完全的整体和能量”，而不是简单的几个部分的组合。**

比如，当你寻找信任旅伴时，出现和最终定格在你脑海中的那些人物，并不是你接触过的他们某些部分的组合，而是你所感受到的他们的整体能量场。所以，完形心理学强调：整体大于部分之和。而你挑选信任旅伴的过程，就是心理层面的一次完形测试。

通常，我们刚认识某个人时，会觉得这个人就是一个完整的人，但其实在这个人的背后，还有他的成长经历、家庭环境、社会环境、文化历史等，都是他的一部分；看这个人的时候，把这些背景都加进来，才能真正看到这个人的全貌和整体。

同时，这个全貌和整体又是不断变化的，当我们变成他的好朋友，我们自己也变成了他的整体的一部分，而我们的整体性也会同时发生改变，彼此相互作用。

了解了这一点，再看那三组信任之旅伙伴的表现，你大致就会明白：在他们彼此之间，整体能量场是如何发挥着加强或者阻碍信任的作用的。

把各个部分或各种因素集合成一个具有意义的整体，就叫完形。此外，把目标图形从背景中区分出来，也是一种“完形”，比如大家所熟悉的少女与老妇人、花瓶与面孔等两可图，当观察背景变化时，我们看到的图形也变了。

人际交往和日常生活中，同样如此。比如我们常开玩笑说：所谓“精神病”，只是一些假定自己是正常的人以自己为背景，给另一些不同于自己的人所贴的标签；假如倒过来，以另一些人为正常的背景，则原来正常的人就会变成不正常了。

这虽然是心理学家和精神病学家们自我反思的玩笑话，但其实也充满着重要的哲学思辨。

完形疗法也叫格式塔疗法，是一种以现象学为指导的存在主义治疗方法，由弗雷里克·S.皮尔斯及其妻子和同行三个人联合创立。皮尔斯是弗洛伊德的学生，被认为是心理学历史上首次成功地把西方心理学与东方思想、技术结合为一体的人。他特别重视“身体感觉”或“身体语言”，认为语言意识性高，容易撒谎，身体却是潜意识的。潜意识比意识更诚实，察觉“身体的感受或非语言的表现”，更能成为“真正的自己”。

所以完形治疗法主张放弃理性，去倾听身体的感觉。完形治疗结合了东方禅宗思想和西方心理学思想，又称禅宗疗法，作为基础的治疗方法，其影响非常广泛。

“放过自己”就是以完形的视角，重新来看待我们身上及人生当中那些所谓的“问题”。换一个背景，那些曾经让你纠结的人和事，也许就真的可以随风而逝。皮尔斯认为，当我们遭遇困难时，如果只注意困难，而忽略周围个人和环境的资源，就很难领悟困难隐含的意义，也因此会身陷其中找不到出口；相反，假如以更宽广的角度为背景去知觉和思考，才能够明白问题的真正意义，需求也才会获得真正的满足。

一位朋友说，很喜欢“放过自己”四个字。确实，**人生在世，太多的时间是在自我为难，放过自己才能真正做自己。**

完形治疗里，有许多帮助我们放过自己的方法和工具，比如对话练习、空椅子技术、绕圈子、梦境完形等。它的总体目标是认识自我、外在世界，以及自我与外在世界的联系，最终促进个体全身心地投入到此时此地的生活，并能根据当前的需要创造性地做出调整，增进个体健康和活力。

它的理念包括：首先，人都有能力处理好自己的事情，心理治疗鼓励来访者主动承担责任，发掘个人资源和潜能；其次，人应该将注意力聚焦在此时此地，而不应僵化地固守过去行之有效的适应模式；最后，使人积极面对现实并健康成长的一个重要手段，就是帮助他完成未完成事件，以排除过去未完成事件对此时此地的干扰。

你可能会在完形疗法的理念中，看到叙事疗法、焦点解决疗法，甚至是正念疗法的一些理念的身影。这是因为一方面，这些疗法多少都有相似的哲学背景，比如，大家都基于现象学的观点而来，现象学自胡塞尔发端，一直是20世纪以来在西方非常流行的哲学派别。

另一方面，这也是当今心理治疗发展的新取向——整合心理治疗取向，也就是说，很多的疗法都已经渐渐融合了，格式塔流派就是最初整合的先锋，它呈现出来的多元融合性和影响力，都和这个是分不开的。

## 02
## 怎么做，才能成为一个气场强大的人

### 〈 场论 〉

完形治疗、美国心理学家卡尔·兰塞姆·罗杰斯的以人为中心疗法、美国存在心理学之父罗洛·梅的存在主义疗法，并称为“人本主义三大疗法”。心理学家很形象地把完形取向的咨询治疗比喻成一棵树，认为它的树根是精神分析和特质分析，树干是现象学和存在主义，树枝是东方哲学和超个人心理学，树心是对生命本质的欣赏，而这棵树所赖以存在的山水背景，就是来源于完形心理学的整体论和场论。

德国心理学家库尔特·勒温是心理学场论的创始者。勒温受到当时物理学中关于动力场的研究启发，创立了拓扑心理学，认为要了解一个人，只有在他所处的场域中观察才是有意义的。这种个人与环境所产生的交互关系，正是完形治疗取向的核心概念。

完形疗法整合了勒温理论，用场论的观点来看待个体的心理关系。在完形治疗中，“场”又可以与“情境”或“生活空间”这两个概念互换。场理论是格式塔实践与理论的重要观点，它将个体看作身体、思想、情感，当前和过去，文化、社会、经济，以及政治影响等各个方面相关联的有机整体。这些方面交互影响，才有了一个人的成长或困惑。

简单来说可以这样理解：本质上，我们每个个体从来都不是独立或孤立存在的；事实上，我们彼此之间，以及我们与世界万事万物之间，都有着千丝万缕的联系和接触。场理论与关系观点很相似，认为我们不仅在关系中孕育，也在关系中成长，与他人发展关系并相互影响，贯穿一生，即使他人已不存在或与自己并不直接相识。

心理学家李子勋老师和央视前主持李咏先生的相继离世，让很多人都有了相似的感受：虽然多数人并没有直接接触他们，但依然感觉活在他们的场域之中，为他们的离开而难过，千里之外遥寄哀思。而共寄哀思的一瞬间，很多互不相识的人又组成了一个新的心理场域，并且成为场域的一部分。

2003 年 4 月 1 日，大家喜爱的中国香港歌手张国荣自杀，消息传出后的 9 个小时内，香港特区就有 5 人选择了同样的方式自杀，而且短短半个月内，整个香港特区的自杀率大幅增长；同样的情况还有美国著名影视演员玛丽莲 · 梦露自杀后的第一个月，美国和英国的自杀率上升约 10%；1986 年日本偶像歌手冈田有希子自杀，之后两周内日本青少年自杀率上升了 44%。

心理学界用“维特效应”来形容这种现象，因为 1774 年歌德发表了小说《少年维特之烦恼》，讲述的就是少年因失恋而自杀的故事。结果，整个欧洲引发了模仿维特自杀的风潮，“维特效应”因此得名。研究者菲利普斯发现，每次轰动性自杀新闻报道后的两个月内，自杀的平均人数会比平时多 58 个。也就是说，每一次对自杀事件的报道，很有可能会杀死 58 个本来可以继续活下去的人，而且宣传越广泛的地区，追随者就越多。

这种现象的根源在于场域影响，而不仅仅是个体的主观选择。就像企业组织中，一个人的离职通常会引发一连串的离职一样。

不知道你有没有过这样的感觉，跟某些人在一起，或者在某些场合时，会感觉身心安定、放松自在，时间好像都消失了一般；而跟另外一些人在一起，或者在另外的场合时，却总觉得哪里不对劲，心烦意乱、焦躁不安、度日如年。

你感觉到又说不出的那部分，就是场。比如，大家常说，某个人气场很强大。从心理学角度来理解，就是能量场很强大。美国心理学家大卫·霍金斯博士与诺贝尔物理学奖获得者合作，运用人体运动学基本原理，结合精密的物理学仪器，经过近 30 年临床实验，随机选择不同种族、文化、行业、年龄等的研究对象，累积了几千人次和几百万笔数据资料，经过统计分析之后发现：人类不同的意识层次，对应着不同的能量振动频率。也就是说，人的意识能量有高有低，所谓的“气场”也就有大有小。

霍金斯博士将人的能量划分为 17 个能级，对应不同的情绪和频率。邪念会导致最低的频率。当一个人心怀自私和罪恶的念头时，就在削弱自己的能量层级。逐渐往上，依次是报复、冷漠或绝望、忧伤或痛悔、害怕与焦虑、私欲、发火和怨恨，以及傲慢与刻薄，这些能量等级都在 200 以下。勇气的状态在 200，是中性的。从勇气往上，是信任，信任带来淡定，开始有益于一个人的生命。再往上依次是主动乐观、温和宽容、理智。达到 500 能级的是仁爱（和蔼、尊敬）。再往上是喜悦，以及能级到达 600 的平和、安详、宁静的极乐状态。能量场最高的等级在 700 ～ 1000 之间，对应着正觉或开悟。

在日常生活中，如果父母和团队带领者自身的心理场域杂乱动荡，孩子或者团队成员们也就身心难安。

一个过度焦虑的妈妈，可能会制造出整个家族三代人的焦虑不安。所以，每次亲子咨询，当爸爸妈妈们描述完孩子的各种问题之后，我总会问："家里还有谁会有类似的情况呢？"

帮助爸爸妈妈看见整个场域的状况，而不是仅仅将孩子的问题当作关注对象，图像和背景之间就可以相互转换了。我曾写过一个故事，一个有哮喘病的人，有一次住旅馆，半夜觉得喘不过气，立刻爬起来打开窗户深吸几口气，感觉好多了才继续去睡。结果，第二天早上起来，他才发现自己打开的不是窗户而是壁橱。当把壁橱当作窗户时，哮喘这个图像的背景变了，哮喘在那一刻也就消失了。

考夫卡曾经举过一个例子：有一个人把湖泊当作草原，后来听说那是湖泊，吃惊得立刻从马背上掉了下来，因为背景场域变了。反过来，改变场域，问题也可以被改变。

民间有很多这样的智慧。一个故事说：有个小孩每到夜里 12 点钟，只要钟声一响，就会准时咳血。后来，孩子母亲把挂钟故意调快了几分钟，小孩没听到钟声，竟然不咳血了。

场域越有支持性，个人获得的成长力量就越充足，也就越能放松地待在此时此地。你可以检查一下自己的支持系统是否完善，检查一下自己一天、一周、一个月或者一年之中，出现最多的情绪集中在哪个能量等级。问问自己：如果要建立更大的“气场”，可以为自己做些什么呢？哪些事情可以提升而不是消耗你的能量、增强而不是破坏你的场域呢？

我们用“新完形祈祷文”中的一段文字来结束关于场的学习：

如果我就只是做我自己的事，而你做你自己的事，
我们便是站在失去彼此及我们自己的危险边缘上，
我在这个世界上不是为了根据你的期待而活，
但我在这个世界上是为了肯定你，
作为一名独特的万物之灵而存在的，
同时也为你所肯定。
我们唯有在彼此的关联中才是完全的自己，
一个与你疏离的我，
是不完整的。

# 03
# 为什么人们总是对得不到的耿耿于怀

## 〈 整体与部分 〉

常常有朋友问："为什么我车子、房子、票子……什么都有了，却还是开心不起来？""我尽力给孩子创造最好的条件，跟周围人比，孩子吃的、穿的、玩的都是最好的，上的也是本地最好的学校，我们也尽力抽出时间陪伴了，但为什么孩子还是觉得不幸福？"

这个话题让我想起一个广告短片：一位男士和一位女士西装革履，煞有介事地出现在著名建筑设计师的办公室里，设计师问有什么可以效劳，女士从公文包里拿出一个水龙头摆在设计师面前，说："造一座房子，要配得上科勒龙头。"

这个广告给我留下了深刻的印象，因为它不动声色地悄悄用到了完形心理学的原理。

首先，它在图形与背景之间巧妙转换，让水龙头这个隐藏在一个人日常生活背景中小到可以忽略不计的配件，突然变成主角图形，鲜明生动地从一堆模糊不清的背景中跳脱了出来。

其次，它无意间实现了“整体大于部分之和”的原理——如果单独讲水龙头的价值，它充其量也只是一个水龙头，就算整座房子里都是水龙头，也改变不了它的价值定位；但当它从房子的一部分变成整座房子赖以存在的意义，从配角变成主角，它的价值定位就立刻冲破人们的刻板印象，变得无比尊贵。

最后，它深谙人们在视知觉过程中，会自然地有一种完善事物的结构整体的行为。当外界的一个事物呈现在我们面前时，内心会有一个完整的形状，也就是“格式塔”与之相对应，如果内心的形状与这个事物不相符，我们就会主动弥补缺失，让内心的形状达到完善，形成良好的“完形”。摆在眼前的水龙头和耳中听到的房子，共同构成一个整体，所以不需要广告设计者费心，观众自己就会脑补一个高大上的完形。

我们回过头看刚才的问题。车子、房子、票子、最好的吃穿用度，分开来看都是有价值的，都能让人在拥有后的一段时间内感受到开心，但如果这些价值和暂时的开心，只是作为一个个独立的部分，机械地堆砌在生活之中，而没有一条真正清晰的意义主线将它们组织在一起的话，那么它们并不会扩大生命本身的价值感和幸福感，因为生命是个整体，整体大于部分之和。就像手与手指的关系，旋律与音符的关系，钢琴与琴键的关系，如果缺少了整体的目标和意义，缺少了清晰的组织规则和各部分的相互作用，手指、音符和琴键也就变得没有意义了。

完形学派主张人脑的运作原理是整体的，比如我们对一朵花的感知，并不仅仅包括花的形状、颜色、大小、气味等，还包括我们对花的经验和印象，对花所赋予的情绪情感、引申含义、投射意象等等。如果把生命比喻成一朵花，就不难理解，为什么外在的拥有并不能解决内心幸福感的缺失了。

“整体大于部分之和”，这既是完形心理学派的理论观点，也是一种处事理念和人生哲学，同时还衍生出了完形治疗的重要技术。

首先，基于这个观点，完形疗法提出了一个重要概念“未完成事件”，指的是我们需要去完成未完成情境或事项的一种心理倾向。皮尔斯认为，**我们的生活基本上只是一种无尽的未被完成的情境，或者是不完整的格式塔。**一旦一个任务或情境完成，另一个任务或情境就会出现。

这些不完整的格式塔从相对微不足道的小事，比如越来越多的家务、处理不完的工作，到主要的生活事件，比如正处于悲伤的过程中。如果一直无法找到解决方法，我们在这种杂乱并悬而未决的情境下，就会通过心理困扰和身体疾病的方式寻求表达。

我们知道，人们对没有完成的事件，比对已完成的事件印象更深刻。那些没有得到圆满解决，或者是还没有弥合的创伤情境，会始终徘徊在潜意识中，并不自觉被带入到现实生活里，从而妨碍自己与他人间的有效接触。

“未完成”意味着可能性，意味着“本可以”，意味着不甘、懊悔和遗憾。当一件事成为“未竟之事”，我们对这件事的评估就会脱离此时此地的这件事本身。人们常常会对“未竟之事”念念不忘，或者是浮想联翩，核心问题在于人类对“完整和完成”的执念。

有实验研究发现，当人们看到有小缺口的图形时，会条件反射地想去补全它，使它成为一个完整的图形。不仅成人会这么做，小孩也会这么做，甚至连大猩猩都会这么做。

从这个角度来看待游戏成瘾现象，就不难理解。就像有些大人沉迷于连续剧一样，孩子们玩起游戏昏天黑地，其中一个原因就是：那些总也打不完的关卡、无穷无尽的任务循环，让游戏成为孩子们无法抵挡的“未完成事件”，轻而易举地攻占了他们幼小的心灵。

有一个视频摄制组，在纽约市中心放置了一块黑板，上面写着：写下你最大的遗憾。一整天下来，黑板上记录了人们满满的“遗憾”，比如：没能对他/她说“我爱你”，没有申请MBA，没有申请医学院等等。

所有的遗憾都有一个共同点，就是大多是以No和Not开头。视频的最后部分，摄制组给了留言者黑板擦，让他们亲自擦去上面所有的遗憾。这是一个心理层面的告别和完成仪式，有人说，面对空白的黑板，反而充满希望。最后，有人在上面写下一行新字：Clean Slate，大意是“从零开始”。

我更愿意把这行小字引申理解为：当下清零，从头开始。

完形疗法中，有一些有趣的技术可以帮助人们从心理层面上完成未竟事件，然后回到当下。

我们来看一个使用空椅技术的案例。

一位有社交恐惧症的博士，先想象父亲坐在对面的空椅子上，他对父亲说："从小到大，你从来都没有肯定过我。"然后，我又请他坐到空椅子上扮演父亲，他伸出手摸着想象当中自己的头，说："儿子，爸爸一直为你骄傲，但是不敢告诉你，因为想让你做得更好。"

空椅技术帮助这位博士完成了缺失20多年的"被父亲肯定"这件事后，他的眼泪潸然而下，整个人也放松下来。

当未完成事件在心理层面完成了，它对整体的影响就消失了，我们的内心才能真正回到当下，继续向前。

空椅技术是处理未完成事件的有效方法之一，大家平时在家也可以练习。搬两把椅子，自己先坐在其中一把椅子上，想象与你的未完成事件最相关的某个人，就坐在你对面。慢慢地，把你想要对他说的话说出来，边说边感受自己内心的变化；接着，坐到对面的椅子上去，想象自己就是那个听你讲话的人，听到你讲的话后，对方有什么要回应你呢？说出对方要对你说的话后，再回到你自己的座位上，继续对话。重复这个过程，直到你感受到这件事可以真正在内心画上句号，就可以当下清零，从头开始了。

关于本小节开头提到的两个问题，我们同样可以用空椅技术来寻找答案。

让那个什么都有了的自己坐在其中一把椅子上，那个不开心的自己坐在另一把椅子上，然后开始对话，直到找到比车子、票子、房子更多的整体意义感。

扮演自己的孩子，想象自己坐在对面的椅子上，听听孩子会对你说些什么，听听孩子心中关于幸福有哪些缺失、渴望或未完成的事件，直到你看到比吃穿用度更多的孩子生命的整体幸福感。

# 04
# 有没有什么方法能让人瞬间顿悟

## 〈 顿悟与渐修 〉

顿悟是禅宗的一个修行法门，完形学派受到禅宗的启发，将它纳入自己的核心观点中，完形治疗创始人皮尔斯还曾经亲自参禅。

从识字开始，我读过很多古代高人治病救人的民间传说。比如，有个少女突然下肢瘫痪了，家里请来当地所有的名医，却始终没能帮女孩站起来。这一天，有个云游四海的老爷爷碰巧路过，听说了少女的故事，说愿意去看看。老爷爷到了女孩家里，叼着旱烟杆笑眯眯地围着坐在椅子上的女孩走了一圈，突然伸出烟杆狠狠地朝女孩的腿敲了过去，女孩一个激灵，居然从此站起来了！

小时候看到这个故事，觉得简直太神奇了，这个爷爷一定是神仙；成为咨询师以后再来看，才知道很可能这不只是传说，中国自古就有心理治疗高手。女孩的突然瘫痪，其实是由心理原因引起的身体障碍，现在叫“癔症”，也叫“歇斯底里症”，老爷爷经验丰富，一眼看出了问题不在身体而在心理，所以出其不意、直指人心，女孩在毫无防备的情况下做回了真实的自己，身体才得到了解脱，重获自由。

第一次读到这个故事时，我还没有上小学。我问教我读书写字的外公：“我以后能不能也像这个老爷爷那么神奇呢？”外公说：“能就能，不能就不能。”

小时候不懂什么叫“能就能，不能就不能”，做了20多年心理咨询师，突然顿悟了。这其实就是“顺其自然、为所当为”。当我和来访者都准备好的时候，该放下的自然会放下、该站起来的自然会站起来。就像立蛋游戏，如果你静心尝试，会发现最后那一瞬间真的是蛋自己立起来的，而你，只需要做好你自己。

通过少女的案例，你会发现：虽然看起来她是在一瞬间就获得了解脱，当头一棒，当下顿悟，但在这之前她其实已经在不能站立的状态里待得足够久了。

咨询中，经常会有来访者问：“林老师，有没有什么方法能让我顿悟？虽然我也知道成长和改变必须靠自己，但过程真的太痛苦了。”

我有时会半开玩笑地说：“有，那就是继续朝前走，直到顿悟的那一天。”

顿悟法门是相对渐悟法门来说的。《六祖坛经》记载，禅宗六祖惠能大师当年刚入佛门修行时，他的师父出题让弟子们写一首偈语来阐述自己对佛法的领悟，于是大师兄神秀说："身是菩提树，心如明镜台，时时勤拂拭，勿使惹尘埃。"意思是：心灵就像一座台镜，要不断地擦拭，不让它被尘垢遮蔽了光明本性。慧能则提出了不同的观点，他说："菩提本无树，明镜亦非台，本来无一物，何处惹尘埃。"意思是：心本来就是清净的，哪里会染上什么尘埃呢？

从佛法的修为和境界上来看，慧能直接看到事物的本质，一念开悟，显然要高得多，所以他最终得到了师父的衣钵传授，成为禅宗第六代法脉传承"掌门人"。神秀和慧能的不同观点分别被称为"北禅"和"南禅"；他们所主张的不同修行方式，也分别被称为"渐悟"和"顿悟"。

顿悟法听起来潇洒传神，不需多年苦修，所以很多人在生活中面临困扰和问题时，也期待有高人能对自己当头棒喝，好让自己立地成佛。然而事实上，禅宗大师们也不是随便棒喝的，禅师"打人"也要看对象，不得度者，也就是还没准备好开悟的人，也不会轻易施棒。

换句话讲，顿悟的背后其实也有着经年累世的历练和积累，只是在对的时间遇到了对的事、对的人，所以才能在一瞬间完成自我超越。用一句话来总结就是：理可顿悟，事需渐修。

禅宗里关于顿悟的故事有很多。有一个故事叫"照影顿悟"，说的是南朝时期，浙江义乌有个姓傅的年轻人，每次捕到鱼后总是将鱼笼沉入水中，祈祷说："要离开的就离开，愿留下的就留下来。”结果，他的鱼总是跑掉大半，卖的钱比别人少很多，大家都笑他傻。后来，有个印度高僧找到他，拉他到水边看自己的倒影，他看到自己的头顶有菩萨才有的光环瑞象，一瞬间就顿悟了，当下成为“傅大士”，也就是菩萨。尽管如此，他并没有迷恋自己的菩萨身份，依然在俗世修行度人。如果说他真的悟到了什么，那就是：他发现了自己的本来面目。

同样是水边，同样是倒影，另一个人不但没有开悟，还把自己陷了进去，那就是希腊神话中的美少年那喀索斯。他爱上了水中自己的倒影，想得到这个倒影又得不到，每天茶饭不思，最后憔悴而死，变成了水仙花，也变成了心理学里“自恋情结”的代名词。

从这两个故事来看顿悟的产生，我们不难发现：个人准备、活在此时此地的能力，以及接纳“改变的原则就是不改变”的态度，都是改变发生的必要条件。

完形心理学家认为，人类解决问题的过程就是顿悟。就像阿基米德和牛顿一样，当人们对问题百思不得其解时，突然在某种情境下发现了问题里的各种关系和解决方法，于是灵光乍现、恍然大悟。

完形流派心理学家沃尔夫冈·苛勒做过一个著名的顿悟实验。

让黑猩猩在放有箱子的笼子内去抓笼子顶上的香蕉。猩猩一开始试图跳起来抓香蕉，但是没有达到目的。之后，它不再跳了，而是在房间里走来走去，仿佛在观察房间里的东西。经过一段时间，猩猩突然走到箱子前面站着不动，过了一会儿，它把箱子挪到香蕉下面，跳到箱子上，取到了香蕉。如果一只箱子不够高，猩猩还能把两只或更多的箱子叠起来以拿到香蕉。

苛勒认为，黑猩猩在面对问题情境时，并没有反复盲目试错，而是坐下来观察整个问题情境，后来突然显出了领悟的样子，并随即采取行动，顺利地解决了问题。这就是所谓顿悟，而顿悟学习的实质是在主体内部构建一种心理完形。

在咨询和治疗过程中，有时候会遇到一种类似于停滞的状态，来访者陷入“有人陪伴”的简单满足中，而不去追求更多的心理修复。这时候，咨询师角色越低调和弱化，来访者越有可能在一瞬间快速地把他们的经历碎片整合起来，这就是“顿悟”的体验。

我曾经在花园里为一位女士通过自然散步进行疗愈，突然有一只小狗冲出来跑到她的脚边，吓得她紧紧拉住我的手，然后突然有了小小的顿悟，她总结说：原来她的死亡恐惧，与多年前一只小狗的意外离世和她对那只小狗的内疚自责有关。

这种顿悟，是生理和心理上联系非常紧密的一种体验，意义重大，一旦发生，常常会打破僵局，使来访者身心状态都发生很大改善。这是因为在一个“汇聚”的瞬间，一切似乎都突然有了意义。

对来访者来说，原来是看不到、感知不到的背景性的经历与体验被赋予了足够的关注，从而形成强烈醒目的图像，有点类似于叙事疗法中的“独特经验”，或者焦点解决短期治疗中的“例外情况”。不同的是，完形疗法中，来访者还可以通过图像与背景、整体与部分之间的转换，以及回到此时此地的觉察等，让自己在身心两方面最终达到整合。

愿你在渐修之中，遇见顿悟。

## 05
## 你想要在哪些事上放过自己

### 〈 彩蛋 〉

我特地电话采访了我的舅舅，因为他和我已过世的表舅都精通中医，在当地有不少传奇案例，而中医的整体观和能量气场等观点，似乎比完形心理学的整体观更加超前和彻底。

我问舅舅：“表舅当年究竟是用什么方法治好了那些被医院‘判了死刑’的病人呢？”

舅舅说：“第一，病人家属把病人抬来的时候，都抱着‘死马当作活马医’的心态，所以表舅本身很放松、没有压力，治疗气场比急救室稳定；第二，他对病人的诊断是五脏六腑整体功能的诊断，脏腑功能气机的紊乱，医院里的仪器很难检测出来，整体调整比局部调整效果要好。”

我又问：“那是不是所有求上门来的都可以治呢？”

舅舅说：“不是，中医治疗讲究缘分，也就是气场相通和相感应。”

我再问：“那中医治疗时会不会考虑季节、气候、南北方这样的差异呢？”

舅舅说：“一定要考虑呀，因为天、地、人是一个整体。比如，高血压的用药，天热时血管舒张，剂量就要小些；天冷时血管收缩，剂量就要大些。再比如，同样是感冒，在北方就要注重清热泻火、益气养阴、止咳平喘；南方还要注重理气化湿。另外，还要考虑北方人相对南方人来说肺活量要大、呼吸功能强等。”

舅舅的话，让我想起我们机构曾有一位男咨询师，40 岁看起来像 20 岁一样。他说，他的母亲精通中医养生，每年秋冬会专门用一个小火炉，在大上海的小区院落里给他们姐弟俩熬制养生药膏，熬制的时辰都是特定的，一定要在特定的时间放入特定的药材，熬够特定的时间，分毫不差，几十年都是如此。

也许你会说：太矫情了吧？哪来那么多讲究？可是，从中医和完形治疗的角度来看，这样的讲究很有必要、合乎天理。

中医的整体观念，是说中医治病从整体着手，把人体的脏腑和体表各组织器官之间的关系，看作是不可分割的。同时人体的生理和病理变化离不开环境的变化，人体与外界环境具有统一性。也正因如此，中医治病不是从有病的局部着手，而是全面考虑，譬如季节、气候、生活环境、生活习惯、情绪、家庭等。

中医用“正气”来形容人的能量场。上工治未病，就是在整体观的基础上扶正祛邪，进行能量的调整。现在，中医在心理学方面的应用，也开始被越来越多学者关注。

而完形治疗，则把整体观和场论等变成一个个的治疗游戏。我们通过两位朋友的问题来进一步看一看，究竟怎样才能放过自己。

先来看第一位朋友的问题：怎样才能放下心结，坦然交朋友？

我是一个把自己包裹得很严的人，离婚多年，一直也没遇到合适的人，我很害怕别人问及我的婚姻状况，害怕别人知道我是单身母亲，为此与人都渐渐疏远了。怎么才能放下心中的担忧，怎么才能改善我的人际交往状况呢？

从完形治疗角度来看的话，建议这位朋友这么做——

首先，用整体观来看待自己，整体大于部分之和。也就是说，当我们只是聚焦于自己单身的问题时，就会不断放大它的影响，认为单身就是自己的全部。相反，假如除了“单身”这个特征外，我们还可以找到其他部分的特征，比如“坚强”“独立”“文静优雅”“知书达理”等，然后在A4纸上画一个自己的人形轮廓，把这些部分全部填进去，接着放到离自己一个胳膊之远的距离，然后仔细端详和感受，看一看包含着这些部分的那个整体的你，在旁观者眼里其实是一个怎样的人呢？你自己对这个整体自己的“完形”期待又是怎样的呢？

给大家推荐一本非常棒的无字绘本《变焦》(*ZOOM*)，1995年出版，被《纽约时报》和《出版人周刊》推荐为年度最佳童书，并荣获国际阅读协会儿童票选最佳童书奖。虽然是童书，但我和圆子一样被它震撼。

书的开篇，是布满黄色小圆圈的不规则多边形，让人联想到公鸡的鸡冠；继续翻看，是两个小孩趴在窗前看着公鸡；再继续翻看，发现原来小孩和公鸡都是农场小屋的一角；再继续翻看，又会发现原来这个农场是一个女孩正在玩的沙盘玩具……直到最后，发现你所看到的每一幅你以为就是最后全景的图像，其实都不过是一个更大背景上的一小部分而已，直到整个苍穹。

整本书就像相机镜头的变焦特效，由一片红色的鸡冠开始，一直延伸至整个宇宙穹苍，从近到远，由小窥大。看完后大人小孩都会感慨：原来宇宙之中，每件事物的存在都那样渺小；每个表象之外，又具有其他角度的意义。也会感叹：生命是如此微妙和短暂，我们是不是也该像伸缩镜头一样，去拉宽自己的眼睛所见和内心所想的一切呢？

用伸缩镜头来看这位朋友的问题会发现：如果以为“单身”就是全景，那么就无路可走；但如果换一个角度，发现“单身”不过是沧海一粟，就可以放过自己，把自己放到一个更大的格局里去。当你不断练习这么做，就可以得到一个气场更强大的完形。

其次，用场论来看这个问题。这位朋友谈到的“包裹”和“疏远”，就像完形疗法最早的祈祷词所说：“我是我，你是你；我不是生活在这个世界上来实现你的期望，你也不是生活在这世界上来实现我的期望；如果我们相遇，那是好运气，如果不相遇，那也没办法。”在这样的状况里，每个人看上去完全独立，缺少相互支持，所以心理学家们后来又发展出了新的祈祷词。

而整合了完形疗法和以来访者为中心疗法，创立情绪聚焦疗法的心理学家莱斯利 · S. 格林伯格，在一个访谈里举了个例子来进一步说明，每个人的独立性，又是需要场域支持才能不断自我组织和完成的。他有一次去拜访完形学院，乘船到了库柏岛，站了 1 小时，旁边有辆卡车，有人坐在车里；1 小时之后，他忍不住走过去问卡车里的人：“去完形学院怎么走？”结果发现这个人是来接他们的。

如果只是强调彻底的独立性而不依赖场域，其实每个人都没有办法完成“自我组织”，也就是形成自我；相反，当我们对自我产生怀疑或排斥时，可以不断扩大支持性的场域，在场域作用下，让强大的自我在人际边沿形成。

比如说，有的单亲妈妈会积极参与到单亲妈妈公益组织里，相互支持、共同成长。我曾受邀为一个单亲妈妈公益团体进行分享。当我打开介绍，看到其中有一条写着“爸爸每天陪伴孩子少于 30 分钟的家庭，也可申请加入团体”时，忍不住会心一笑。你看，所谓的“单亲”，也许不是你想的那么糟糕，更不是你以为的令人羞耻的事情。

所以，试试看，给自己建立一个支持性的场域吧。

再来看第二位朋友的问题：如何在气场强大的人面前做到不卑不亢？

一碰到气场强大的人，我就容易紧张、手足无措，要是对方再强势一点，还会出现无法思考、脑袋空白的状态。比如，遇到有气度的领导，或者是比自己优秀、成功的同辈的时候。我该怎么克服自己在这些人面前的卑微心态，做到不卑不亢呢？

“气场强大”与一个人的情绪能量和心念力量有关，要做到不卑不亢，最直接也是最根本的办法就是养正。你可以对自己进行念头管理，把自己在气场强大的人面前产生的各种念头写下来，看看每个念头对应的情绪是什么，是在能量 200 以下还是以上，再看看，如何培养更多能量级别在 200 以上的念头。

分享一个四两拨千斤的中国古典艺术美学观给大家——计白当黑，也就是中国书法绘画作品中的“留白”，不着墨的空白处，却正是最有意境、容纳无限意义的地方。虚实相生、以实托虚，从局部来看，空白之处没有形象；但从整幅画看，周围的环境就会造成一种“有形”的形象。这是不是比完形更深刻呢？想象一下，你和他人的互动交往，如果就像一幅水墨画，你该如何“计白当黑”，与他人虚实相生、融为一个整体呢？

其实，真正“气场强大”的人，给人的感觉不是咄咄逼人，而是上善若水。让你有压迫感的人，往往内在的能量还不够协调和平衡。了解到这一点，会不会也能够让你更好地提起精气神呢？

好好地问问自己：你想要在哪些事情上放过自己？你愿意为自己做些什么？

CHAPTER TWO

第 2 章

# 培养深层同理心，放下对幸福的执念

〈 人本主义 〉

06

# 如何活出自己的人生价值，不因外界否定自己

## 〈 人的价值 〉

我和全家老小一起看大型音乐剧《蜀女卓文君》时，边看边想起我的很多女性来访者们。当她们和卓文君一样遭遇夫君大大小小的出轨事件，乃至最终的背叛之后，往往很长时间都会陷入对自己的怀疑和人生价值的否定。她们心底一直有个声音说："你不好，所以活该他移情别恋；你自作自受，所以活该这一辈子都得不到幸福……"

可是2000多年前的汉代才女卓文君，却爱得不卑不亢，不把他人的评价和关系的变化当作自己人生价值的标尺。16岁第一次嫁人后守寡，在别人眼里她是"克夫命"，她自己则并不妄自菲薄，坦然爱上司马相如；父亲不同意，她又和司马相如坦然私奔到成都；婚后家徒四壁，她坦然地当垆卖酒养活自己和夫君；夫君做了高官想让她锦衣玉食，她说简简单单就很好；夫君变心，她虽痛苦，但仍不自我放弃，先后写下两首千古绝唱，唤醒了夫

君的心。

第一首《怨郎诗》，用数字回应了司马相如的十三字绝情《两地书》，虽说是“怨”，却没有一句是在指责对方，也没有一句是强迫自己假装包容，通篇只是详细描述自己的心情和哀伤：“巴不得下一世，你为女来我做男。”

第二首《白头吟》，则向司马相如明确表达了自己的态度。她说：“闻君有两意，故来相决绝。”“凄凄复凄凄，嫁娶不须啼；愿得一心人，白头不相离。”——你看，跟古今中外遭遇情感变故的一般女性不同，卓文君虽然对旧情仍有留念，但更多的却是深沉的人生反思，而不以怨妇和弃妇自居。

虽然史学家们还对这两首诗的原出处心存怀疑，但从我所了解的文君故乡四川的文化背景，以及生活在这片热土之上的女性之独立精神来看，文君是很有可能说出这番话的，因为这样的独立女性不把自己的人生价值寄托在他人评价和某段关系之上；而包容的川蜀文化，给了人生价值丰润富饶的土壤。

就像人本主义心理学的代表人物卡尔·罗杰斯所说：“当我看着这个世界时，我是悲观主义者；当我审视这个世界的人们时，我是乐观主义者。”

就像情感变故一样，世事无常、令人悲观；但细看每个无常之下，努力活着和成长着的“卓文君”们，你又会因为感动而乐观起来。

看见人，而不是只看见一大堆的问题、行为、目标或者训练工具；把人当作各有独立价值和精神需求、有自我实现愿望的主体，而不是被操控的投币机器，这是我非常欣赏人本主义的原因。

人本主义心理学兴起于20世纪五六十年代的美国，它既反对行为主义把人等同于动物，只研究人的行为，不理解人的内在本性，又批评精神分析只研究神经症和精神病人，不考察正常人心理，所以被称为除行为学派和精神分析以外，心理学上的“第三势力”。

人本主义和其他学派最大的不同是：强调人的正面本质和价值，而并非集中研究人的问题行为，强调人的成长和发展，认为人的最终目标是自我实现。

人本主义心理学受到当时的人道主义和存在主义哲学及现象学的影响，强调自由、个人决定的价值和人生的意义，主要研究正常人的心理。其中，以马斯洛和罗杰斯的研究最具代表性。马斯洛的研究主要在人本主义心理学范畴，提出了著名的“需要层次论”等；罗杰斯的研究主要在人本主义治疗范畴，他的“以来访者为中心”“无条件积极关注”和“医者放弃权威，可以期望患者的自愈能力”等理念，意义非常深远，影响着后来各个不同流派的咨询师和治疗师们，也给医院里不平等医患关系模式带来了重要的反思和改善途径。

究竟什么是人本主义呢？马斯洛说：人本主义者总是试图建立一个自然主义的、心理的价值体系，试图从人自己的本性中派生出价值体系，而不必求助于人自身之外的权威。也就是说，每个人都成为他自己，而不是某种标准化的价值体。就像卓文君，无论什么境遇下，始终能够活出自己的价值。

人本主义心理学认为，心理的现实即个体的直接现实。也就是说，那些专属于自己的活生生的体验才是你自己最真切的现实。人本主义心理学提出了许多精彩的理念，包括对幸福感和乐观主义的研究，以及善良、美德、爱、两性关系、巅峰体验、自我实现等等，一方面为人们的成长自助提供了大量养分，另一方面也孕育了后来的积极心理学。

在人本主义心理治疗方面，罗杰斯的贡献更大。温暖的罗杰斯相信，人具有一种保护自己心理健康和寻求恢复健康的自然趋力，咨询师或治疗师要做的，是带着同理心和积极关注，陪伴和支持每个来访者。

罗杰斯认为，每个人的自我概念有两种：一种是真实的自我，是较符合现实的自我形象；另一种是理想的自我，是一个人期望实现的自我形象。这两种自我是否和谐与趋近，直接影响心理健康的质量。

罗杰斯用“无条件积极关注”来解释自我发展的机制。他认为，在自我发展的过程中，最基本的必需品是在婴幼儿时期得到无条件积极关注。当母亲给予婴幼儿以慈爱和热爱而较少注意他们如何行为时，这种满足也就实现了。在一切情况下，他们都能感觉到自己的价值，也就没有了防御行为的需要，在自我和现实知觉之间也会更一致。

所谓无条件积极关注，是一种没有价值条件的积极关注体验，对一个孩子来说，即使自我行为不够理想，也仍然能够感受到父母或他人真正的尊重、理解和关怀的话，在自我实现的道路上，就会无拘束地发展一切潜能，达到最终指向的目标，成为一个健康人格的人；相反，则会出现自我价值感的缺失、病态人格等。

“对孩子的行为可以说不，但对他的生命要说是”，我想，卓文君的父母在这点上一定做得不错，这也是为什么尽管文君私奔，他们仍然拿出钱来资助小夫妻俩。假如我们没有遇到卓文君父母这样的双亲，虽然遗憾，而且在寻找和确认自我价值的道路上会遭遇更多坎坷，但是从当下开始，做自己内在小孩的父母，帮助自己重建自我价值体系，你仍然可以成为你自己。

谈到人的价值，马斯洛认为有两个重要的要素。一个是自由选择，一个健康的人，他的选择始终倾向于是善良的、有益的，既能对自己有好处，又能够帮到他人。另一个是人的存在状态，也就是说，人的存在本身就是有价值的，不言自明。

而无论是马斯洛还是罗杰斯，都在考虑“去价值化”和“去条件化”，因为“价值”概念包含的意义太多，意味着形形色色的东西，可能制造出各种问题，比如“价值条件化”。

罗杰斯认为，每个人都存在着两种价值评价过程。一种是人先天具有的有机体的评价过程，另一种是价值的条件化过程。价值条件化建立在他人评价的基础上，如果过于注重外在的目标、规则、角色，而把专属于自己的存在状态丢掉，这种现象就是价值条件化。价值条件化对人的影响包括：习惯讨好他人、过于看重外在价值、自我压抑等。

现实生活里，价值条件化会让讨好型的人为了他人压抑自己的真实想法，让渴求成功的人选择挣钱的职业压抑自己的真正兴趣，当压抑到丧失真实自我、找不到自己的状态时，就会陷入深深的无意义感、虚无感之中。比如，大学里的“空心病”，又何尝不是价值条件化的教育模式下的产物呢？推荐经典影片《放牛班的春天》，看看老师是如何让每个孩子的价值都被看见的。

如果想要拯救自己，让自己像卓文君一样活出自在，从现在开始，试着去掉内心的各种价值条件化的声音吧，比如：“我必须……”“我应该……”“别人必须……”“别人应该……”等等，不再依照别人的标准来确定自我，允许自己变得更加开放，坦然地接受自己，我们就会变得更丰富、更轻松。不再生活在别人的世界里，而是信任自己，为自己做主。接纳自我的经验，就能更适应生活，同时开放地对待外部的经验。

关于每个人不同的价值和存在方式，王国维《人间词话》里的一句话，我从小喜欢至今，送给大家慢慢琢磨——“客观之诗人不可不多阅世，阅世愈深则材料愈丰富、愈变化，《水浒传》《红楼梦》之作者是也。主观之诗人不必多阅世，阅世愈浅则性情愈真，李后主是也。”

你，是哪种诗人呢？

## 07
# 相比换位思考，同理心胜在哪里

〈 同理心 〉

有一个关于心理咨询的笑话。

一位来访者对咨询师说："这几天我感觉心情很压抑。"咨询师说："嗯，你感觉很压抑。"来访者又说："我有时候想放弃自己的生命……"咨询师说："嗯，你想放弃自己的生命。"来访者走到窗前，说："我真想就这么跳下去！"咨询师打开窗户，说："扑通！"

笑话当然不是真的，但为什么咨询师要编出这个笑话来自黑呢？实际上，这是前辈咨询师帮助新手咨询师了解什么是真正的同理心、如何避免机械操作的教学手段之一。笑话中的咨询师，只是把同理心当作工具，而并非真的怀着深切的人性关怀与来访者同在，这种情况下，自然无法达到助人效果。

也有一些不大认同人本主义心理学和罗杰斯"以来访者为中心疗法"的人士，认为这是最好的讥讽段子，因为同理心最早是由罗杰斯提出的，也是罗杰斯疗法最核心的部分之一。

在我看来，没有绝对好或不好、对或不对的咨询流派或技能，只要是在探索人性、探索如何应对现世烦恼、探索“我是谁、我从哪里来、我要到哪里去”，同时又不自我夸大、不否认自身的局限性的话，就是在不同角度、不同层面上为人类的自我认知和成长发展做出贡献。

同理心也一样，它不仅仅是一个心理概念、一项咨询技能，更是一种深层的生命态度和人性观——只有当你发自内心认同生命之间的平等、尊重每个个体的独立价值时，真正的同理心才有可能发生。

同理心又称为“共情”，罗杰斯给它下的定义是：带着情感暂时进入对方的内心世界，不带任何评价地去感受对方的感受和经验，敏锐地觉察对方的内在参考系，就好像你就是他，但又永远不失去“好像”的状态。这意味着，你就像他感受的那样去感受他的痛苦或快乐，并像他觉察的那样去觉察其中的原因，但是又永远都知道，你只是“好像”他，而不是真的他。如果失去“好像”，那么这种状态就是一种认同，而不是同理心。

用通俗的话来总结，同理心就是在人际交往过程中，能够体会他人的情绪和想法、理解他人的立场和感受，并站在他人的角度思考和处理问题的能力。有点类似“善解人意、换位思考、将心比心”，但又比这些状态多了一份持久关怀、冷静觉察和理性边界。

在企业高管培训中，我经常会讲到“情绪胜任力”，讲到职场同理心的重要性，也会讲到同理心在情绪平复和危机干预中的重要作用。

有一次，一位40来岁的人事总监分享了他多年前的一次经历。他说：“一位老员工，有一天突然情绪很激动地站在办公楼的窗前，说没有人理解他、没有人听他说话，他要跳下去，一了百了。所有人都不敢靠近，情急之下，我抓起一支笔和一个本子，在与老员工保持一定距离的地方蹲下来，说：‘我知道您心里一定有很多苦，没有地方说，您有什么想法和要求，都可以告诉我，我一定全部记下来。’老员工一顿发泄，我真的一边听一边回应一边分秒不停地记了下来。最后，老员工突然‘哇’地哭出声，靠着窗户瘫坐了下来，一场危机就此化解。”

接着，这位总监问我：“林老师，那个时候我没有学心理学，只是凭着直觉做的，不知道算不算同理心？”

我很感动地告诉他：“您用整个身心来倾听那位员工，发自内心关怀着他，同时又尊重了他在那个时候的需要，没有试图靠近他和否定他，这是最深和最真的同理心。”

同理心是情商的重要组成部分。随着心理学的普及，同理心这个词大家已经不那么陌生了，但它到底是什么，又该如何应用呢？我以林紫妈妈花园的活动为线索，给大家举个例子。

林紫妈妈花园经常组织亲子岩降、攀岩、探洞等心理自然教育活动，这些活动都相当有挑战性。有一次，大家要攀上高高的岩石，而那一天正逢大雨倾盆，大到一根很粗的树枝都被压折落下来。即便如此，大多数孩子仍然兴致勃勃，都争先恐后地要试着完成任务。可是，也有那么一两个孩子丧失了信心，因为害怕而想要退缩。

这个时候，不同的妈妈有不同的反应。第一位妈妈说："有什么好怕的？上！"第二位妈妈说："你看比你小的都上去了。你怕什么呢？"第三位妈妈说："加油啊！如果你能上去，回家后我就给你买冰激凌。"这三位妈妈看上去似乎都是在鼓励孩子去尝试，不过结果会怎样呢？

第一位妈妈一句话就否定了孩子真实的情绪感受。当孩子被否定时，就很难步入下一个环节去面对问题。第二位妈妈想要以小的孩子来激励自己的孩子，但事实上反而会让孩子认为："你看，我的确是不行，连比我小的孩子都不如。"

第三位妈妈给了孩子一个甜蜜的诱惑，似乎比前两位妈妈的方法要更具体一些。这个方法可能有效，但带着诱惑，往往会制造出新的问题。

再来看第四位妈妈的反应。妈妈看到孩子不敢尝试，于是走到孩子身边，握住孩子的手说："第一次是有点儿让人觉得怕怕的。妈妈怕的时候会做一个深呼吸，然后一点一点地尝试。你今天要不要也试试看呢？妈妈已经确认过，你会非常安全，只要你今天能上一小步，就已经是大大的胜利了呢！”

听上去似乎有一点儿啰唆，然而真正能够起到鼓励孩子的作用的，就是这样温暖有力量的“啰唆”。

还有一位妈妈，儿子因为各种原因受了委屈，当众哭了。别的小朋友都嘲笑他“那么大了还哭”，妈妈则抱着儿子的肩膀说：“儿子，哭吧，哭也是需要勇气的！”

所以，一个好的同理心回应，第一个步骤是连接，让我们自己和对方的情感真实连接在一起。这样的连接不是虚伪的表面认同，而是发自内心的、带着不评判的态度，就像伏尔泰的名言：“我不同意你的观点，但我誓死捍卫你说话的权利。”

同理心的第二个步骤，是准确地读出对方的情绪。当你不知道怎么表达时，你可以“照猫画虎”，如实地重复对方当下说的话、做的动作即可。不过要切记：只有专注和真诚的重复，对方才能“接收”到你与他是同频的，是跟他站在一起的。我们真实地跟对方处在同一个状态和处境里，对方就能够感受到我们的同理心，进而打开心扉。更进一步的同理心，不仅能读出对方表面的情绪，还能够读出对方更深刻的情绪和需要。

同理心的第三个步骤，是读懂情绪之后，允许这样的情绪存在，而不是说“不要哭”“有什么好难过的”等。

同理心的第四个步骤，是我跟你之间有了连接，能够读出你深层的情绪和需要，我允许你待在你的情绪里，同时，我会静静地陪伴在你身边，直到你想要改变。

完成了上面四个部分，就可以进行第五个步骤，给予支持。对孩子来说，还要给出果断、恰当和具体的指导。

同理心的训练，是一个心理咨询师专业训练过程当中最为重要和关键的一步，需要不断地练习，才能真正出神入化地掌握。但如果它没有内化到我们的人生态度里，便又是遥不可及的。因为**同理心与其说是技巧，不如说是态度。只有真的内化到跟人相处、跟整个世界相处的每一刻，我们才能够更好地在技巧层面上达到改善沟通、传递支持的目的。**

我希望，当你觉得自己无论如何努力也无法改变现状、无法包容或原谅、无法更积极更坚强、无法忘记某个人、无法做个好学生好妈妈好领导的时候，也能给你自己最深的同理心，给自己无条件的积极关注，陪伴自己就在当下的状态里待一会儿，而不是一定要立刻把自己从心灵的黑洞里拉出来。

一个童年受过母亲伤害的女孩，竭尽全力想要去爱母亲，但越努力越痛苦。咨询中，我告诉她：我看见你内心的恨意了，我会陪着你，跟你的恨意在一起待一会儿。你有恨的权利，也有权利把它表达出来，因为恨也是一种能量，只有你愿意面对它、表达它时，它才有转化的可能。

分享一个关于同理心的小故事，愿你在故事的启发下，自如地学会对自己、对他人、对世界表达你心中善意和暖意的方法。

英国著名芭蕾舞童星艾利，12 岁时不幸患骨癌准备截肢。手术前，前来探望慰问的亲朋好友及观众很多，艾利都一言不发，只默默地向所有人微笑致谢。她很想见到戴安娜王妃，因为她的舞姿曾得到戴安娜王妃的赞美。

戴安娜王妃在百忙之中抽时间赶来，把艾利搂在怀里说：“好孩子，我知道你一定很伤心，痛痛快快地哭吧，哭够了再说！”艾利一下子泪如泉涌。自从得了病，什么安慰的话都有人说了，就是没有人说过这样的话，艾利觉得最能理解她的就是戴安娜王妃。

人生最艰难的时候，请你也像黛安娜王妃一样，把自己内在那个受伤的小孩搂在怀里，对自己说：“亲爱的，我知道你很伤心、很痛苦、很疲惫……痛痛快快地哭吧，哭够了再说！”

# 08
# 你经历过这种说不出的美妙感受吗

## 〈 高峰体验 〉

我的童年在新疆度过，中学时，我作为“文学社”社长，接待了一位前来采访的南方记者，他感慨地说：“我很羡慕你们，你们生活在一个‘天就是天、地就是地、人就是人’的能量高地上。”

那个时候，虽然不能完全明了记者的感慨，但这句话直击心灵，非常准确地描述出了我心中的感受，在他所说的“能量高地”上，我从小收获了很多不同寻常的体验，而这些体验，与我后来成为一名心理咨询师有很大的关联。

6岁的一天，我站在家门口等外公。天上的太阳很灿烂，照得我的额头很暖和，我突然开始想：“我觉得暖和，别人也觉得暖和，那别人也会说‘我觉得暖和’，这样的话，世界上不就有好多好多的‘我’了吗？那究竟哪一个是‘我’呢？这个‘我’没有了，其他的‘我’还是在这个世界上啊……”

这一段自我对白，给我留下了很深的印象，因为它好像不是我自己想出来的，而是太阳在那一刻照进我的头脑中的，让我有一种说不出的神秘和神圣感。

刚上初一时，学校举办运动会，老师说班长要带头参与，所以不由分说给我报了一项800米跑。刚上场的时候，身体瘦弱的我一直在打退堂鼓，心想老师真是不了解我啊，我能跑完一半就不错了吧?

发号枪一响，我本能地冲了出去，边跑边想：好吧，再坚持一段……再坚持一段……跑完一圈再说……再跑完半圈就不跑了……可是，就在还剩半圈、真的想要放弃的时候，突然整个人好像飘起来了一样，没有了时间、空间的感觉，听不到旁边的声音，上一秒还累到极点的感觉瞬间完全消失，身体像云朵一样轻松舒适，心里浓浓的幸福感，不知道是什么力量在帮助自己，觉得再也不想停下来了，就想一直这样飘下去。

结果，我以第二名的成绩“飘”到了终点，自己都不知道是怎么做到的，只是经常会回味起那种飘起来不费吹灰之力的体验，而且会用它来鼓励自己和其他同学，希望大家都能体验到那种坚持下去、超越自我的感觉。

后来我才知道，这叫作“跑步者高峰体验”，是指当运动量超过某一阶段时，体内便会分泌内啡肽，让人产生一种幸福愉悦的欣快感。所以，跑步、游泳、长距离划船、越野滑雪、骑单车、球类运动等，都可以帮助人们释放压力、调整身心，尤其是跑步，在抑郁症和成瘾矫治等方面起着重要的辅助作用。

此外，还有一次带给我一生巨大影响的高峰体验。高一的时候，有一天全校停课，所有人都在操场上席地而坐，等着用自制的观察镜片观看日全食。淘气的男生不知从哪里找来了木头，升起了一堆篝火，大家叽叽喳喳围着篝火正说笑打闹，突然天地之间一阵寒意，天光暗了下来，天地连成一片，眼前的人和物一瞬间全都变成了黑白色，一切好像都静止定格在了混沌初开、万物未生的世界里。

那一刻，我突然深切地感受到天地万物没有了时空的阻隔，我们与自然、远古和未来的生灵完全是一体的。那种心灵的震撼，很珍贵，又很难描述，可遇而不可求，成为我生命中的重要力量，鼓励我更加从容地穿越各种考验，探寻生命的智慧。

你是不是也有某些类似体验？

事实上，有高峰体验的人不在少数。马斯洛在对 80 名成功人士做的个别访谈，以及 190 名大学生对一段引导语的书面回答中，发现他们的生命里都有过一些特殊经历，让他们“感受到一种发自心灵深处的战栗、欣快、满足、超然的情绪体验”，而由这些体验所获得的人性解放和心灵自由，照亮了他们的一生。

马斯洛将这种特殊的经历总结为高峰体验：**“幸福不在于目标是否达到，而在于追求的过程。在这一过程中，一种需要的满足，一个心愿的实现，一项目标的达到，都可能给人高峰体验。”**

马斯洛把高峰体验列入需要层次论中金字塔的顶层——“自我实现”部分。他认为，高峰体验是一种非常独特的、在时间和空间上定向能力的丧失。正经历高峰体验的人，主观上是在时间和空间之外的。

在研究自我实现者的过程中，马斯洛发现他们都有过一种近乎神秘的体验。他在自己的著作里说：“体验者沉浸在一片纯净而完善的幸福之中，摆脱了一切怀疑、恐惧压抑、紧张和怯懦，他们的自我意识也悄然消逝，他们不再感到自己与世界之间存在着任何距离而互相隔绝，相反，他们觉得自己已经与世界紧紧相连融为一体……在这类体验中感到自己窥见了终极的真理、事物的本质和生活的奥秘，仿佛遮掩知识的帷幕一下子给拉开了……像突然步入了天堂，实现了奇迹，达到了尽善尽美……这种体验可能是瞬间产生的、压倒一切的敬畏情绪，也可能是转眼即逝的极度幸福感，甚至是欣喜若狂、如醉如痴、欢乐至极的感觉……最重要的一点，他们都声称在这类体验中感到自己窥见了终极真理，事物的本质和生活的奥秘。”

我们可能终其一生都走在自我探索和自我实现的过程中，也有可能一念成佛、当下顿悟，经历了高峰体验后，又回到现实生活里来，老老实实继续渐修。

有过高峰体验并且自我实现了的人，也不一定就是十全十美的完人，他们身上同样存在不少缺点。比如有时笨拙糊涂、大手大脚、烦躁激动、固执己见等等。

我大学时代，听过作家路遥去世前不久的一场珍贵讲座。路遥讲到他把自己关在山上写他的名著《人生》，有灵感的时候他会几天几夜奋笔疾书，没有灵感的时候就在山间奔走。写完最后一个字，他奋力将笔从窗户扔了出去。下山回家后，居然笨得连马路都不敢过了，需要妻子扶着他。

写作带给路遥许多高峰体验，是他自我实现的通道，但这让他的现实适应能力退化，不过他已经自我实现，又是无比幸福的。

和很多心理学家一样，马斯洛也曾花大量精力研究佛学禅学，并把“开悟”体验引入心理学研究中。他的高峰体验概念，与禅定禅喜的状态很接近。

2015 年，曾任中国科学技术大学、南方科技大学校长的朱清时院士，在“昆仑高峰论坛”上做了主题报告《禅定与真气》，通过科学的视角诠释了佛教禅定与道教真气。他说，禅定被全世界接受度很高，脑科学家们还专门使用三种脑成像技术研究禅定的情况，包括：

（1）1999—2002 年，丹麦科学家做了为期 3 年的实验，研究禅定的人的脑部变化，发现禅定能够明显增加多巴胺这种化学物质的释放，从而改进脑的功能。

（2）2005 年，哈佛和麻省理工的团队用磁共振脑成像研究发现，长期打坐观想的僧人，大脑皮层厚度明显增加，说明禅定可能阻挡随着年龄增加而产生的大脑皮质变薄和萎缩。

（3）2007 年，威斯康星大学用磁共振研究打坐引起的脑功能变化，发现打坐可以重塑大脑，使之增强慈悲和喜乐。

（4）2009 年，丹麦科学家也用磁共振做了研究，他不仅看整个大脑，也看整个脑干和小脑，发现长期打坐不仅能够改变脑干的构造，还能改善心肺和其他神经系统功能。

而马斯洛也总结说：高峰体验是一个人协调与整合的最佳状态，通常会感到正处于自身力量的顶峰、忘我、超越、活在当下，并充满感恩和回报之心。

马斯洛认为，自我实现的人更可能发生高峰体验，但也并非全都如此。他说，“要捕捉这个时刻非常难，就像你无法把彩虹捕捉到罐子中一样”“对有些人来说，高峰体验一直具有较高的治疗意义，而对另一些人来说，高峰体验则由于使人产生了意义重大的顿悟、启示而使人生观发生了永久性的变化”“这类美好的体验会产生心理治疗效果，使人变得高尚美好，这种体验对任何人的性格、人生观都会产生影响”。有了高峰体验后，“有些人变得更活跃、更激动、更兴奋，另一些人则变得更松弛、平静、安详”，因为每个人的心理素质和性格特征不同，但无论如何，高峰体验对所有人的心理和行为产生的影响都是良性和积极的，所以马斯洛把高峰体验看作达到完善人格的最好方法。

高峰体验在神经症的治疗、负面自我认知的转化、人际关系的改善、创造力和自发性的提升、增强幸福感等方面都有着奇妙的作用。有关高峰体验对身心的治疗和影响，马斯洛认为几乎所有的健康人都有可能出现，但可遇不可求，体验者必须首先具备美好和善良的心灵，忘我、放松、顺其自然，而不去刻意追求。因为只有我们具有统一和谐的心理状态，才能比较容易觉察世界的统一性，完完全全地沉浸在天人合一的境界中。

要想偶遇自己的高峰体验，唯一的办法是：放下过度狭隘的理性主义和固有观念，不迎不拒，带着好奇心、顺其自然、为所当为。而每天适当的独处和静坐，可以增加你遇见高峰体验中的自己的概率。

## 09
## 为什么说，我们都应该从小就接受审美教育

### 〈 美的教育 〉

意大利的佛罗伦萨是一座历史悠久的文化名城，在诗歌、绘画、雕刻、建筑、音乐等方面都有着杰出的成就。在这个欧洲文艺复兴运动的发源地，有一座圣十字教堂，被称为“大师的沉睡地”，是276个伟大灵魂长眠安息的地方。这些大师包括：诗人但丁、作家薄伽丘、画家达·芬奇、雕刻家米开朗基罗、歌剧大师罗西尼、历史与政治理论家马基雅维利与布鲁尼，以及天文学家伽利略等等。

圆子6岁的时候，我带她参观了欧洲许多地方，包括梵蒂冈的圣彼得大教堂。而一走进圣十字教堂，这个喜欢百灵鸟一样叽叽喳喳的小女孩顿时安静下来，站在教堂中央一动不动足足有一分钟，然后才压低了声音悄悄对我说：“妈妈，这里好美！”

我点点头。是的，虽然孩子并不了解这座教堂，更不了解这些长眠的大师，但他们的存在共同营造出一种无法言说的氛围，

光线透过教堂四周精美的彩色玻璃照射进来，让幼小的心灵瞬间笼罩在美和圣洁的艺术氛围里。

能够感知到美，除了孩子心灵的纯净外，也与她从 1 岁多就与我们一起在世界各地感受自然、游览艺术殿堂有关。许多朋友说：孩子那么小，什么都看不懂也记不住，去这么多地方有什么用呢？我会回答他们：美的教育，不用懂也不用记，它会融入孩子的生命里，让孩子在漫长的一生里保持天真、真正成人。

美的教育，是我国著名教育家蔡元培先生一生不遗余力倡导的。很少有人知道，蔡元培先生是实验心理学之父、德国莱比锡大学冯特教授的第一位中国学生。1917 年，他指导学生在北京大学建立了中国第一个心理学实验室，1920 年在南京高等师范学校成立了中国第一个心理系，1922 年创办了中国第一本心理学杂志《心理》。这样一位中国心理学的先驱，为什么会将美育放在如此重要的位置呢？

“美育”这个词，是由蔡先生从德文翻译过来的，作为中国提出美育的第一人，先生在北京大学亲自开设和讲授“美育”课程，倡议“以美育代宗教”。他临终时的嘱托也是：“科学救国，美育救国。”

他在《美育与人生》中写道：“一个完整强健人格的养成，并不源于知识的灌输，而在于感情的陶养。……塑造全面完整的人，正是美育的宗旨。……美的作用，是超越乎利用的范围的。当着重要关头，完全不由于知识的计较，而由于感情的陶养，就是不源于智育，而源于美育。所以吾人固不可有一种普通职业……于工作的余暇，不可不读文学，听音乐，参观美术馆，以谋知识与感情的调和，这样，才算是认识人生的价值了。”

不只是蔡元培先生，人本主义心理学家马斯洛也在需求层次理论中提出，审美需求是一种高级需求，对美的追求体现在生活中的方方面面，审美是一种生活态度，饮食、出行、穿搭、时间、空间……任何和自身有关的事物都可以是有美感的。这种审美的生活态度与自小就培养的美的教育息息相关。接受了融入审美教育理念的孩子，长大后更加有可能形成审美的生活态度。

清华大学心理学家彭凯平的团队在神经美学的研究中，从脑神经的层次上理解人类对审美的需求，结果发现，美的刺激激活了情绪相关的脑区和奖赏相关的脑区，说明了美感的评估为什么会伴随情绪体验，并且对人类具有奖赏的性质。

在马斯洛看来，审美体验是一种高峰体验。审美体验是一个复杂的心理活动过程，大致可以分为四个阶段：心理准备阶段的“虚静”、感知阶段的“感物”、心意层面的“会心”和神志层面的“畅神”。

审美体验是日常体验的升华，是个体在日常活动中对理想的生命形象的瞬间直觉，是心灵在直觉中的建构，是意义的瞬间生成。虽然审美体验是生命整体瞬间的体验，但同样可以看作一个层层推进、环环相扣的逐渐深化的完整过程。

其中“会心”标志着审美体验进入精神活动的境界，是主体心灵对事物生命的深刻把握。“畅神”意味着主体精神意志的通畅和提升，也是审美的最高境界。最高境界的审美体验就是一种高峰体验，在审美的心理过程中，也会产生一种豁达与极乐的瞬时体验。这种体验可能是瞬间产生的、压倒一切的敬畏情绪，也可能是转眼即逝的强烈的幸福感，甚至是欣喜若狂、如醉如痴、欢乐至极的感受。

我不确定圆子在圣十字教堂的那一刻有没有产生高峰体验，但我知道，美，可以穿越年龄、种族、语言等的区隔，直指人心。

我们的咨询室里，常年摆放着一束鲜艳的红玫瑰。那是一位70多岁的老人送给我的，是她在轻度抑郁康复之后亲手做的绢花。虽然是绢花，但在我心里它充满生命力，时刻对咨询师和来访者们讲述着关于美和爱的故事，展示着美的力量。

同样是咨询室里的花，林紫成都中心的一位老师还给我讲了一个她特别感动的“奇迹”——有一天，她的一个咨询正好结案，当她和来访者一起总结整个咨询过程“就像花开一样”时，小茶几上的那盆真花竟然真的就在那一刻绽放了。无论这只是一个巧合，还是荣格所说的“共时性”，对她和来访者来说，真的是一场实实在在的锦上添花。这份美的体验，对他们的未来都有着可遇不可求的深刻影响。

美，本身就是一种疗愈，更是在问题发生以前最好的预防和心灵养育途径。这些年，我们通过林紫妈妈花园，将心理学与艺术人文、自然教育结合在一起，为的就是陪伴更多的父母和孩子，在美的教育之中健康成长。

说到教育，记得朋友圈都在吐槽陪孩子写作业的苦水，纷纷呼唤未来的亲家早点把自己的“女婿”“儿媳妇”领回去，以便让他们的亲生父母活得久一点。而圆子的学校当时宣布了一项决定：让这个周末成为“无作业日”。收到通知，我很感动，给老师留言说：“这几个月来，我接待了好几位因为作业而觉得‘生无可恋’的孩子，他们的原话是‘面对做不完的作业，我不知道我为什么要生出来。难道我生出来就是做这些的吗’？”

我们可以借着孩子内心的苦来反观我们自己：如果人生永远只有被安排的、做不完的“有用”和“必须”的事情，没有了感受美和自由的空闲，那么，活着的意义和价值在哪里？

所以，你的压力和焦虑，也许不仅仅是因为工作量太大、学习任务太重，还因为你已经被“做有用的事”“做最重要的事”占满了，忘了计白当黑，留一点心灵的闲暇和空间给无用之美。

有一个阶段，我的日程安排得很满，感觉到累和压力的时候，我会把自己想象成这座熟悉城市的过客，想象自己是一个旅人，带着初到此地的好奇心，重新去看周围熟悉的一切，然后总是会发现许多新鲜的、美的事物和有趣的人，疲惫和压力也会一扫而空。

我也很喜欢抬头望天，看云、看日月星辰，回忆自己读过的诗句，或者低头看马路上的落叶和不知名的昆虫，也会像个孩子一样，对着树林里的蜘蛛网赞叹不已，觉得造物主真是太了不起了，连蜘蛛结的网都能够美得不可名状。这些没有什么用的小事，其实只是举“首”之劳，不用大费周章，却真的能够增加生命的弹性。

分享汶川地震援助时的几个珍贵场景给大家——一位老人，每晚黄昏时分在安置棚的门口拉小提琴；几个家庭，在安置棚的窗台上养了花；一对夫妻，在安置棚里摆放着从家里抢救出来的最大的物品，即他们的结婚照；几个常来心理关怀站的孩子，站在失去孙子的老人面前自发地唱起了歌……

这些都是不起眼的小事，但因为美和爱，却真真切切地支持着一个又一个面临各种挑战的心灵。如果你愿意，可以像我一样，将它们珍藏到你的生命里，让它们温暖你的心。

# 10
# 共情过度或不会共情：如何培养恰如其分的同理心

〈 彩蛋 〉

这一章，我们学习了人本主义心理学和以来访者为中心疗法的主要观点，了解了每个人都有自我实现和审美的需要，并试着以同理心来共情别人和自己，接纳大家都只是自我实现道路上的行路人，虽然不清楚何时会到达终点，但可以让这一路走得更有弹性和美感。

在这里，我们仍然借着两个朋友的问题来梳理自己。

第一位朋友问，缺乏同理心应该怎么办？

最近突然发现自己一直以来都很缺乏同理心，很难体会别人的心情，没办法设身处地地去想别人遇到的问题，即使自己很刻意地去努力也没能达到效果，该怎么培养同理心呢？

首先，觉察自己。这是同理心培养的第一步。试想，如果一个人连自己的状态都不清楚，又如何去体会他人的心情呢？要祝贺这位朋友具备了自我觉察的能力。

其次，要明白是什么阻碍着我们去体会别人的心情和处境。比如，过度的自我中心，凡事都希望按照自己的想法来推进，过度以目标为导向。再如，自己的某些情感需求未被满足，缺乏被同理和共情的体验。再或者，过度使用左脑，凡事习惯了好坏对错的判断，等等。无论哪种情况，都有一个共同的可能性：在过往的成长和受教育环境中，逐渐关闭了感觉通道，过度使用情感隔离的防御机制。

再次，要想同理他人，我们需要先与自己的心在一起。与自己的心在一起的第一个练习是：打开各个感觉通道。随时随地，你都可以用“我看见……”“我听见……”“我感觉……”来造句，让这三句话把自己的身心带回到当下的体验里。第二个练习是：写生活美学日记。每天晚上临睡前，记录一下美的发现或体验，可以用文字，也可以用绘画，坚持下去，当作给晚年的自己的礼物。第三个练习是：每周一次自然散步。散步谁都会，但带着正念一步一个脚印地走，会把你自己带回到你心里去，然后一点一点，打开它。

最后，也就是心打开之后，我们就可以在人际交往中，按照下面的同理心沟通技巧来训练自己了——

（1）倾听他人的想法，除了“嗯”“是的”“我在听”以外，不做任何评判和建议。等对方说完，可以用“我听见你说……”

开头，来重复对方刚才话里的关键词句，然后用“不知道我说的对不对”结尾，把说话的机会再次留给对方。

我常推荐大家看一部电影《沙发上的心理医生》来学习同理心。电影讲的是纽约的一个心理医生和巴黎的一个舞蹈演员，彼此交换公寓度假。舞蹈演员被上门求助的来访者错当成了心理医生，从没学过心理咨询的她，只是带着一颗真诚善意的心，用“嗯哼”来告诉对方自己在认真听，然后重复对方的话给对方听，结果成功帮助了很多人。

还有一个感人的小故事，同样说明倾听比分析建议和评判更能表达同理心。一天半夜，一对老夫妻接到一个电话，电话那头的女孩劈头盖脸一顿哭诉，说自己准备自杀，死前想告诉父母自己从来没有得到父母的理解，一直活得很痛苦。接电话的老太太静静地听着，没有打断女孩，直到最后，女孩渐渐平静下来，说：“我现在好多了，妈妈，这是从小到大你第一次听我把话说完。你放心，我不想死了。”电话挂断了，老太太长舒一口气，对丈夫说：“感谢这个打错的电话，让我知道我该为我们的儿子做些什么了。”

(2) 倾听他人的情绪，试着用一些词来读出他人语言背后的感受。比如：“我感觉你很生气，不知道对不对？”“我感到你心里很难受，是这样吗？”

要准确读懂他人的情绪，需要我们自己的情绪状态平稳，不被对方的情绪激惹或者卷入。要做到这一点，除了日常的情绪管理训练外，还可以在对方表达时提醒自己是陪伴者和倾听者，而不是法官、老师或者智多星。

获得第86届奥斯卡最佳原创剧本奖的电影《她》，讲的是一个婚姻失败的男子西奥多，爱上了电脑语音系统“萨曼莎”，因为萨曼莎永远那么平和、温柔，可以感受、体察和回应西奥多所有的情绪。而在之前的婚姻里，西奥多和妻子之间却充满了指责和怨恨，相互都感受不到爱与理解。虽然西奥多最终不可能真的和电脑系统在一起，但因为被萨曼莎温柔倾听和同理过，所以他的内心也渐渐成长起来，拥有了平和的力量。最后，他写了封信向妻子表达了歉意和爱意，把这份珍贵的同理心传递了出去。

希望你也能拥有平和的力量，更温柔地对待自己和他人。

（3）问问对方“我能为你做些什么吗”。请记住：不要急着给建议，不要走到对方前面，而是真诚地走在其身边。对方才是他自己问题的解决专家，你能做的，就是倾听、陪伴和回应。

以上这三点听起来简单做起来难，最难的不是技巧，而是我们态度的转变。当你真的把自己从法官、老师、专家的角色里拉回到陪伴者的角色里时，同理心就有机会从你的心里长出来了。

第二个朋友的困扰和第一位朋友正好相反，她想知道同理心太强到底是好事还是坏事。

我觉得自己是一个同理心很强的人，总是能对别人的遭遇感同身受，尤其是那些不好的或悲伤的事情。所以亲眼看见或者只要听说一些不幸的遭遇就会特别难受，就好像那样的事情发生在我自己身上一样。

比如，只要看到老爷爷或老奶奶在街上卖菜，我就忍不住红了眼眶，忍不住想上去帮一把……总是这样被同理心弄得很难受怎么办?

这种情况，心理学上称为“过度共情”，常常发生在高敏感人群身上。高敏感一方面跟遗传有关，美国心理学家伊莱恩·阿伦研究发现，世界上大约有20%的人大脑异常敏锐，擅长捕捉各种各样的情绪细节，而且对声音、气味等任何细微的外部刺激都非常敏感，会产生强烈的反应；另一方面，家庭教育环境也会影响到儿童成年后的共情能力。其中，在过度卷入的家庭中长大的孩子最容易发展出过高的共情力。

另外，也有研究发现，如果家庭成员之间彼此过度关注和投入对方的情绪与生活，就会影响到作为独立个体的独立性，这种现象就是过度卷入，也被称作心理卷入程度过高。而习惯了这种方式，就会带着这种习惯去应对各种各样的人际关系，过度卷入的人常常会意识到自己和他人的情绪处境之间的界限，容易过度担责。

如果共情能力太强，尤其是女性，就很容易受到他人情绪的影响而心绪难宁，还有可能到处主动帮忙，结果往往把自己搞得很累。

要减少过度共情，首先要明确自己的情绪来自什么，是因为对方的遭遇触碰到了自己的伤口，你把自己投射到了对方身上，还是发自慈心的悲悯。如果是前者，这正好是一个自我探索和成长的机会；如果是后者，那么不妨加入慈善公益组织，让自己理性利他，同时获得专业和系统的支持。

助人的同时，要不断问自己：这是我的需要还是对方的需要？是我无法忍受身边的人情绪不好带来的紧张和焦灼、我想保护自己才急于提供帮助改变对方，还是对方真的想要改变呢？

其次，要发展出健康的人我边界，就应该像坚强、独立自主的简·爱所说："每个人以自己的行为向上帝负责，不能要求别人来承担自己的过错。"同样，每个人都必须为自己的情绪负责，也只能为自己的情绪负责。倾听和共情对方，同时把对方的情绪还给对方而不是背在自己身上，相信对方有自我解决的能力，才是真正的帮助。

除了情绪上的边界，行为上的边界也尤为重要。当你知道某个亲密的人陷入困境时，你可以告诉对方你会支持他、陪伴他，但不能代替他行动或者受苦。

最后，分享台湾慈济慈善基金会的一个小故事。一位银行高管谢景贵，看到慈济组织在世界各地的慈善援助报道后，不以为然，认为"台湾都救不及，为何要跑到国际上去"。于是他挑战性地问一位年长的志工："假设台湾的山上或者海边有一个还没有救到的人，你们怎么办？"学法律的他自以为这个刁钻的问题会难倒对方，没想到，头发花白、小学都没有毕业的志工阿婆一听，马上抓着他的手急切地说：“阿贵啊，真的吗？赶快带我去，在哪里？我们去救他！”谢景贵说：“当时我一下子就呆住了，完全被打败了。”

打败阿贵的，是阿婆比同理心更深情的悲悯心，它来自无条件的接纳——既接纳自己所做有限，也接纳对方的挑衅，所以才能不被情绪牵绊和纠缠，不落入思辨的陷阱，踏踏实实去做当下能做的事情。

CHAPTER THREE

第 3 章

# 觉察你的存在，拥抱不完美的人生

〈 存在主义 〉

# 11
# 死亡是生命的一部分

## 〈 生死观 〉

据马来西亚《中国报》2018 年 11 月 11 日的报道，新加坡南洋理工大学曾举行一项“为自己办葬礼”的活动。活动由心理学助理教授安迪·何发起，为期 13 周。丧礼的模拟过程是“带入式的体验”，每次持续 30 分钟。参加的学生在人文学院门前铺上一层布，假设自己死亡般地躺在地上，再让身边的人替自己盖上象征着死亡的白布，静静聆听身边人对逝去的自己的悲伤之情和颂词。

何教授认为，在传统的亚洲社会，死亡的问题仿佛是个禁忌，经常不被提及。他希望可以通过这项活动，让学生将自己的感悟带回家庭或者社区，和自己所爱的人开展有关死亡的讨论，同时也能够为那些失去亲人的朋友提供帮助。

这则新闻，让我想到团体辅导时常用的一个心理游戏：给自己写一段墓志铭。墓志铭游戏和模拟丧礼活动一样，都是为了帮助大家直面死亡、思考生命的终极意义，最终能够带着清醒的自我觉察更好地活在当下。

就像电影《阿甘正传》里，阿甘妈妈临终前对阿甘所说："死亡，是生命的一部分，是我们注定要做的事。"可是，过往的教育却很少会涉及这个人人都将面对的重大课题，于是，死亡便成了人的终极焦虑来源。

一方面，很多人没有意识到，自己眼前的现实压力和困扰背后，其实隐藏着的是死亡焦虑。因为害怕死亡这种终极的丧失和未知感，所以不停地努力，想要拥有更多来获取存在感。另一方面，因为将死亡看作一个负面和悲哀的事件，所以又对生命产生了虚无感，不知道自己活着和忙碌的意义究竟是什么，整个人被存在焦虑牢牢笼罩着。

存在焦虑是"美国存在心理学之父"、人本主义心理学杰出代表罗洛·梅提出的理论术语。意思是：一个人察觉到自己的生存状态和生存价值面临威胁时产生的一种痛苦的情感体验。威胁个人生存的因素包括：疾病、灾难、死亡、地位、名誉、自尊、求知、事业等等。

存在焦虑的根源，在于人的自我意识和自由意志。自我意识使人认识到自己存在的有限性，感觉到走向虚无的恐惧；自由意志则要求个人实现自身价值，承担自己行为的责任，如果一个人放弃追求、逃避责任时，就会感到焦虑。

20 世纪 50 年代，罗洛·梅把欧洲的存在主义哲学和心理学思想介绍到美国，开创了存在心理学和存在心理治疗。相对重视存在思辨分析的欧洲心理学家，他更注重对人的现实存在感，尤其是现代社会境遇下人的生存状况的分析，强调人的潜能和建设性，致力于促使来访者重新发现自我存在的价值。

除罗洛·梅以外，詹姆斯·布根塔尔、欧文·亚隆等心理学家也是存在主义心理学的代表人物。他们希望从哲学的层面来理解人的心理，并进行心理治疗。

存在主义中的存在，指的是人的主观精神的存在，并构成人的存在感，这是人对自身存在的意识和体验。存在感的缺失容易导致人的无意义感、无价值感。存在主义心理学认为，现代人的心理疾病不是由本能压抑所造成，而是失去了自己的存在感，所以心理治疗的过程就是“帮助来访者认识和体验他自己的存在”。

存在主义认为，具有存在感的人有三个特点，大家可以对照看看。

（1）自由存在的人有强烈的自我意识，自我意识越强，人的自由选择范围就越大，就越有可能对自己进行认真的考察和预想，人的意志和决定就越有创造性和责任感。

（2）能进行价值和目标的选择，存在感强的人能对自己的价值观进行选择，为自己设定一个人生目标，进而获得一种存在的意义和价值。

（3）语言不仅是交际的工具，也是表达存在感的重要手段，语言能力的丧失容易导致心理的失衡。

对于第三点，我有不同的观点，在我来看，非语言信息同样可以表达存在感和带来心理平衡，而且会比语言文字的表达更深刻和丰富，比如：绘画、音乐、舞蹈等等。我见过不少无法言语却纯净饱满和健康的心灵，也见过许多越焦虑话越多、话越多越焦虑的来访者。某些情况下，帮助他们进行“止语练习”，反而是让他们重新建立存在感、获得内在安宁的有效途径。

欧文·亚隆认为，存在主义心理治疗是一种动力性治疗方法，其焦点在于根植于个体存在中的关怀。

看到“动力”这个词，我们会比较直观地联想到力量，联想到活力，以及一切有活力的事物，比如体育比赛、满怀干劲地工作之类的。不过，在心理咨询中，动力还有一层技术性的含义，指的是每个人的生命内在的深处，都有一种冲突性的力量，不管你外在的表现是心理健康的，还是脆弱的、适应不良的，甚至严重到出现神经症，等等，其根源都是内在深处的冲突力量的结果。并且，这些力量存在于意识的不同层面，有些是自己能够意识到的，有些则是完全在潜意识里面意识不到的冲突。这就是弗洛伊德提出的动力模型，认为动力是一个人内部运转的无意识和意识的多种力量、动机与恐惧。

存在主义心理治疗与其他动力性疗法的最大区别在于，对动力的认识不同。存在主义的动力认为，人内心的基本冲突既不是与被压抑的本能抗争之间的冲突，也不是与内化了的成人之间的冲突，而是在个体面对存在的既定事实时引发出来的冲突。也就是说，每个人都要直面自己、直面作为人类的生存的残酷现实，这些现实包括死亡、孤独、自由、生命的意义。

存在主义心理治疗，强调咨询师对来访者保持开放的态度，对来访者共情，给予无条件积极关注的同时，由咨询师自由地组织合适的咨询方式，包括其他流派的技术。

欧文·亚隆认为，死亡、自由、孤独和无意义是对人的四大终极关怀。这里，我们先来看死亡。

2007年，我偶然读到一篇关于8岁女孩佘艳的报道。

小佘艳一出生就被遗弃，被穷到结不起婚的单身养父收养。小佘艳从小乖巧懂事、热爱生活，虽然家里只有一间破房，她却从山里移来各种野花，打造了一个小花园，而且特别喜欢唱歌。

8岁那年，小佘艳被查出患了急性白血病，面对高昂的治疗费用，养父想要把唯一值点钱的土坯房卖掉给她治病。可是房子太过破旧，一时找不到买主。小佘艳看见爸爸越来越忧郁憔悴，就拉着爸爸的手说："爸爸，我想死……我是捡来的娃娃，大家都说我命贱，害不起这病，让我出院吧……"2005年6月18日，8岁的佘艳代替不识字的爸爸，在自己的病历本上一笔一画地签字："自愿放弃对佘艳的治疗。"……

看到这里的时候，我泪如雨下。虽然后来在记者阿姨的帮助下，很快筹集到了几十万元的善款，但小佘艳在病情恶化、抢救的过程中，突然自己用力挺身又向后重重地一摔，导致颅内出血，最终离开了这个她曾爱过的世界。记者说，是小佘艳主动选择了死亡，她在进抢救室前偷偷写了3页纸的遗书，说自己也想做好心人，把钱留给其他小朋友用；还说希望爸爸不要太难过，要好好活着……

小佘艳小小的心灵自始至终在独自面对死亡，让我很痛心。所有的好心人都努力想让她活下去，可是比大多数成人都活得更清醒的小佘艳，却冷静而又坚决地选择了面对死亡，因为她知道终有一死。只是，这么小的生命独自承担生死大事，内心该是怎样的体验呢？

2008年汶川地震后，小伙伴问我们为什么要做援助，我给大家讲了这个故事，边落泪边说："我们的力量虽然很渺小，能做的很有限，但如果我们早点行动、尽管去做，世界上也许就可以少一个像佘艳这样的孩子。我们的陪伴改变不了死亡的事实，但至少可以让他们在面对死亡时不再孤单，离开的时候心怀温暖……"

可以直面死亡的人，通常都先直面了生存。小佘艳生前虽然知道自己是弃婴，而且家贫如洗，但仍然活得很精彩。她在留给人们的亲笔文章《我的路》里这么写道："我的路不在小朋友走的小小的路上，我的路不在汽车跑的宽宽的路上。上山时我喜欢走我的路，下山时我和小鸟一起唱歌。要是你们也肯在我的路上走走，你们会听见我和小鸟在唱歌。听着歌声向前走，路就是再长，也不会觉得累。我喜欢走我的路。"

佘艳的离开，不是因为对生的绝望，而是“向前走自己的路”。8 岁孩子能做到的，我们能不能呢？

谢晋导演生前也被佘艳的故事感动，80 多岁高龄的他前后几次前往佘艳亲手打理过的小花园，想要把她的故事拍成电影。我想，小佘艳打动所有人的，是她面对生死从容不迫的态度。

很喜欢佘艳的墓志铭，上面写着她自己的话：“我来过，我很乖……”

你不妨回忆一下，你最早开始想到“死亡”这个话题，是在什么时候呢？那时的你，心里是怎样的感受？

弄明白死亡及我们自己对待死亡的态度，是我们最终缓解生存焦虑、好好活着的大前提。

## 12
## 为什么说，有多少责任就有多少自由

### 〈 自由 〉

我应邀给成都石室中学高三的孩子们上过一堂“生涯规划”课。这所创办于公元前 141 年的世界上最古老的官办学校，已经存在 2100 多年，却依然充满活力。当我听到班主任老师开场第一句话说“兄弟们——”的时候，也顿时欢乐起来，因为不是每个老师或者家长都可以把孩子们当作“兄弟”，给予他们精神上的平等与自由。

有了平等与自由，45 分钟的课堂也就有了鲜活的生命力。孩子们踊跃互动，积极表达自己的观点，探索自我和未来。结束的时候，我说：“希望今天的分享，可以帮助大家在高考志愿填报时，更好地与父母沟通自己的想法，而不是剑拔弩张，希望父母们理解和尊重你们的选择，因为每个人都有自我选择的自由。”

这段话，是有感而发。因为日常咨询中，我接待了太多由于被父母剥夺了志愿选择权而出现各种问题的孩子，他们有的正在读父母选择的院校；有的虽然已经毕业很多年，却仍然陷在不能做自己喜欢的事的痛苦，以及对父母的怨恨之中；有些情绪极端的孩子甚至说："我会咬牙把他们选择的专业读完，作为对他们的孝顺和报答。反正等到毕业，任务就完成了，我就可以去死了。"

父母们也许很难理解，为什么明明是为了孩子好，孩子却如此痛苦和决绝呢?

存在主义心理学认为：每个人都有创造自身生活的自由，每个人的欲望、选择和行动的自由都值得被关注。如果这些自由被剥夺，心灵就会充满了空虚与孤独。存在主义强调人的存在价值，主张人有自行选择生活目标和生活意义的自由，重视现实世界中个人的主观经验及主张，强调人要对自由行动所产生的后果负责。所以，心理治疗也是基于一个最重要的部分——改变的自由。

欧文·亚隆提出，自由的两个主要成分是责任和意愿。

## 责任

很多父母抱怨孩子没有责任心，然而我看到的正好相反：大多数孩子生命成长的最初阶段，其实都希望能够担负起一些责任，尤其是当成人尊重他们的自由意志，同时给予他们足够的信任和支持时，他们会比成人想象的更勇于面对和担当，因为每个生命都有自发性，都渴望自我实现。可是，如果成人不断地干涉、否定和剥夺他们的自由意志，不断训练他们按照统一和标准的答案行动，孩子们的自发性就会受阻，而责任也就成了与他们无关的事情。

这里所说的责任，主要是指在心理健康方面，人们做出理性行为，并为自己负责的能力。一个有责任意识的人，会明白自己是自我、命运和生命中各种困扰和感受的创造者，也是个体自身痛苦的创造者。如果一个人不能够接受这种责任，坚持认为其他人或者其他因素才是造成自己不愉快的罪魁祸首，就不可能有真正的心理疗愈。

这一点，在婚姻情感类的咨询中最为常见。许多伴侣刚来的时候，通常都会数落对方的不是，认为问题都出在对方身上，与自己无关。而当他们在咨询当中成长起来，就会渐渐发现，原来**问题解决的前提，不是“只有他变了，我才能变”，而是“我变了，他才有可能改变”**。

这是一个自我担责的过程。而这个过程的完成，需要先意识到：自己是一个有自由意志和选择权的人。很多遭遇情感背叛，却依然痛苦地留在婚姻中的来访者，最初都会从外部找一个坚持的理由。他们会说：“为了孩子，为了父母，为了别人的看法……我没有别的选择。”听起来，似乎外部的一切才是痛苦的根源，自己只能被动忍受；而我会说：“没有别的选择，也是一种选择。假如留在婚姻里是你的主动选择，那么有没有可能继续主动，让这个选择带来的痛苦少一点呢？”

这样的对话，是为了帮助来访者了解，当经历了负性事件后，他们无意识中落入了对责任的否认、转换、拒绝和逃避自主行为等心理防御机制的圈套中，而这些防御机制无法帮助他们真正摆脱当下的痛苦。同时，也帮助来访者意识到：他有改变的自由，无论继续还是结束婚姻，只要他愿意，都可以试着做些什么来改变自己痛苦的感受，而且，也只有他自己，是这份改变的责任人。也只有担负起这份责任，他才能获得真正的自由。

## 意愿

意愿，指的是一种心理结构，它把觉察和认识转化成行动的精神能量，是愿望和行动之间的桥梁，是行动之前的心理状态和行动的主要推动力，意味着决心和承诺，比如“我将要做这件事”。

对经历了背叛而又留在婚姻中的伴侣来说，如果意识到自己的自由意志、明确了自己的意愿，就可以以自己为起点，做出改变个人体验和生活质量的决定。

决定是意愿和行动之间的桥梁。美国哲学家、社会学家和宗教心理学家威廉·詹姆斯，描述了5种不同的决定类型。

（1）合理的决定。这是一种常规的理性平衡，比如：为了孩子好，我留在婚姻里是对的。

（2）刻意的决定。这是需要非常努力去完成的，明知山有虎，偏向虎山行。

(3) 放任的决定。这种情形中，似乎没有哪一个行动具有足够好的理由，于是在厌倦或灰心之中听之任之。

(4) 冲动的决定。这是在情绪之下不自觉的行动，也往往带来更多的情绪反应。

(5) 基于观念改变的决定。这种决定是某些重要的外在经验或者是内在改变的结果，比如前面的例子，当遭遇情感背叛的来访者意识到自己的主动权和责任，就能够做出有建设性和持久性的决定与行动。

现代存在主义哲学的创始人索伦·克尔凯郭尔说，“存在”是在有限的生活中实现无限可能性的过程。“冒险会导致焦虑，但不去冒险会失去自我”。

假如你正经历着某些让你感觉到无奈和失去自由的事情，那么回味索伦·克尔凯郭尔的两句话，同时请记得约翰·密尔在《论自由》中所说：“个性的自由发展是幸福的最主要因素之一。”

愿你有发展自己的自由，同时也有能力担负这份自由的责任。

# 13 如何从害怕孤独到享受孤独

## 〈 孤独 〉

有一次，与朋友谈心，聊到人类的孤独感，她问我："你身边的人懂你吗？"我说："懂的懂，不懂的不懂！"

你可能会说："这不是废话嘛！"对我来说，不是。这八个字，代表了我对孤独感的所有认识。

第一次意识到人世间不可能有任何一个人完完全全地了解和懂得自己，是在我读初二的时候。

那时的语文课本里有一篇魏巍的文章《谁是最可爱的人》，学完后老师让我们仿写一篇作文，结果，有同学的作文里写到了我，认为我是最可爱的人。于是，课间休息时，班级里展开了热烈的讨论，有的说我很单纯，单纯到"心上没有眼"，有的说我很复杂，复杂得让人看不懂。

我左听听右听听，觉得很好玩，因为自己还从来没有想到过这些，而同学们的视角让我发现：每个人的生命就像一口火锅，其他人放进他们自己有的食材，又各自捞出来品尝，形成自己的评价。哪些是你，哪些不是你呢？其实都不是，你只是那口锅而已。

这个有些俗气的比喻启发了当时的我，让我觉得：别人的懂或不懂，都只是暂时和部分的，热热闹闹的相聚之后，最终锅还是锅，我不过是别人认识他们自己的工具和途径，所以独而不孤。热闹的时候不贪恋热闹，冷静的时候也不害怕冷静。

孤独这个话题，自古以来就被哲学家关注，他们努力深思和探索人类独一无二的内在体验、与普遍的戏剧性人生之间的悖论。而存在主义心理学家们，则致力于通过翻译和使用哲人们的见解智慧，来缓解人们生活中的痛苦。

存在主义认为，人生的一大部分是孤独的体验，但这种**孤独感可促使对自身的审视，成为力量的源泉。**当人们认识到，没有人能和自己有完全一致的内心体验，尤其是在抉择、疾病和死亡面前，最终只能自己直面和担当时，就不得不对生活的意义做出独立的判断。

很多人第一次清晰地体验到孤独，都与离开父母或家庭有关。我的来访者中，谈到这个话题的，有从幼儿园起就开始寄宿的孩子，有刚刚踏入校门的大学生，也有因为成家立业而离开家乡的职场人士。欧文·亚隆把这种孤独叫作“人际孤独”。

他认为，存在主义心理学范畴下的孤独，主要有三种表现形式：人际孤独、心理孤独和存在孤独。

（1）人际孤独，就是通常人们感受到的寂寞，指的是与他人分离。

它可能是许多不同因素作用的产物，比如：地理的隔绝、缺乏适当的社交技巧、在人际亲密上存在严重冲突的感受，或者是因为某种人格特点妨碍个体在人际交往中获得满足，比如分裂型、自恋型人格等。

另外，文化因素在人际孤独中也起着重要的作用。那些有利于人际亲密的社会设置，比如大家庭、稳定的社区邻里、教堂、街边老店等，影响力和作用都在逐渐减弱，所以不可避免地导致了人与人之间越来越疏远。

（2）心理孤独，是指把自己内心分割成不同部分的过程。

弗洛伊德用“隔离”来描述一种防御机制，这种防御机制在强迫型神经症的个体身上格外明显。

意思是一个人把不愉快体验中的情绪去除，隔断它的来龙去脉，使得这种体验脱离通常的思维过程。一个人如果压制自己的欲望或情感，忽略自己的感受，把“应该这样”或“必须那样”作为自己的愿望，不相信自己的判断，埋没自己的潜力，都会导致心理孤独。

人本主义心理学家罗杰斯和瑞士精神病理学家宾斯吐格在讨论一个著名的案例时，曾清楚地描述了这种心理孤独。他说：“虽然她在孩提时期完全不用依赖别人的看法，现在她则彻底依靠他人的意见。她不再知道自己的感受和想法。这是最孤独的状态，一个人几乎完全脱离了自主的我。”

简单来说，就是当一个人无法做真实和完全的自己时，这种孤独就会显现出来。

有来访者说：“我一直在努力让周围的人都满意，努力按照他们希望的样子说话做事，希望别人都喜欢我。看起来我好像做到了，身边人都说我好，都喜欢跟我做朋友，但是朋友越多，我越觉得孤独，特别想一个人待着，又特别怕一个人待着。我为什么活得这么矛盾？”

我说：“有没有可能，想一个人待着，是因为想要找到真实的自己；怕一个人待着，则是因为不敢面对真实的自己呢？”

借着这个问题，你也可以问问自己：我找到真实的自己了吗？我愿意跟真实的自己待在一起吗？

(3) 存在孤独，这是一种更加基本的、因存在而存在的孤独。

即便是和别人有着最圆满的沟通，或者是有着最高程度的自我认识和自我整合，这种孤独也不会消失。存在孤独指的是个体和任何其他生命之间存在着的无法跨越的鸿沟。比如，燕雀不知鸿鹄之志，高处不胜寒。再比如，“嫦娥应悔偷灵药，碧海青天夜夜心”，你看，长生不老的灵药虽然可以让人摆脱死亡焦虑，但与此同时也会延长存在焦虑，因为那份未被妥善安放的孤独感。

死亡，是最孤独的人类体验。因为即使是至亲之间，也没有人可以替代另一个人死亡，没有一个人可以分享另一个人死亡过程中的全部身心体验。

我22岁那年，生了一场被医生判为“比绝症还麻烦”的病，无计可施的医生说：“绝症还能说出一二三期，你这个病是遥遥无期。”听到我生病的消息，远在外地的外公急得吐出一口鲜血。

我知道后，一方面心疼无比，一方面突然生起一种比任何时候都强大的力量和勇气，因为真正地明白了：即使是最疼我的人，也不能代替我，我终将自己面对生死挑战，而外公的爱，是我温暖的陪伴和力量的来源。

在这种力量之下，我坦然地找到主治医生要求手术，告诉他我准备好了接受任何结果。手术那天是上海最冷的时候，我被推到手术室门口，却被告知取暖设备坏了，需要紧急抢修。我一个人躺在长长的走廊上等候，身上盖了三条被子，心里却非常安宁喜悦，没有一丝恐慌和孤独，因为在医院住了半年多后，终于又重新感受到了为自己的生命做主的自由。

跟大家分享我的生命故事，是因为“理论是灰色的，生命之树常青”。心理学让我们结缘，而比心理学更深的缘分，是生命与生命之间真实不虚的照应。我们都是在人生路上一边走，一边完成自己生命课题的普通人。

感受到这份照应，可以让我们在面对死亡、自由和成长带来的存在孤独时，不但不用通过“活在他人眼中变成老好人”“融合共生在“施虐—受虐”般的畸形关系里”，或者产生“强迫性性冲动，不断与人发生性关系”等扭曲的反应来逃避或者对抗，还会从心里生长出更加成熟的、无条件的、主动的爱。

在这种爱里，你会看见对方的孤独，此时，你的孤独便不会让你孤单寂寞。

就像蒋勋在《孤独六讲》里所说，“孤独和寂寞不一样，寂寞会发慌，孤独则是饱满的。”“孤独是生命圆满的开始。……使孤独变得不好，是因为你害怕孤独。”

怎么才能不害怕孤独而是享受孤独呢?

我的经验是：走进自己的内心，通过阅读、绘画和音乐欣赏，让精神世界更丰富；走进大自然，通过赤足行走、触摸岩壁和“拈花惹草”，让身心真实地感受到“万物互联”。

就像我特别喜欢的现代画家丰子恺先生的两幅画作。第一幅画上，一座大山静静地矗立在天地之间，一条弯曲的山路通向半山的凉亭，一个手执拐杖的人正独自沿山路攀登，旁边一行小字写着：幸有我来山未孤。第二幅画上，是一个挑着担子的行路人，身后是已经走过的长长的小道和远山斜阳，旁边仍然写着一行小字：一肩担尽古今愁。

当你发自内心地意识到，你和大地山川、万事万物是一样的存在时，或许也会和丰子恺先生一样，从生而为人的孤独感中，活出风趣和大爱来。

# 14
# 当下流行的佛系和丧，背后有着怎样的心理困境

## 〈 无意义 〉

一个8岁的孩子主动要求父母带她来咨询，因为她发觉自己这学期“笑不出来了”。我一边跟她一起画画、玩沙盘，一边试着探索是什么让这个幼小的生命如此忧郁。

我先问孩子这学期和上学期有什么不同，孩子说：“学校把做游戏的时间取消了，不停地上课上课，还不允许出错！”

我点点头，给了孩子共情后，问了一个例外问题：“有没有什么时候，你可以笑出来一点点呢？”

孩子认真想了想，说：“玩的时候。”

我又问：“多久可以玩一次呢？”

孩子摇头、叹气，像个小大人一样地说：“很少。大人把我们的时间都安排得满满的，脑子都转不动了。”

我接着问：“那大人们自己玩不玩？”

孩子又摇头，说：“大人很奇怪，我好不容易刚写完作业，他

们马上会说：‘去弹钢琴吧，弹钢琴就是玩！’唉！那他们怎么不去弹弹试试！”

我反问：“那你觉得弹钢琴是不是玩呢？”

孩子说：“本来是玩，如果我可以自己安排时间、自己想弹什么就弹什么，那就是玩。但大人会说‘你那样弹有什么用？一点也没意义！’然后非要我按他们的要求弹这弹那的，根本不是玩！”

我点了点头。

在心疼孩子的同时，我也好像看见她被一大堆马不停蹄地追寻意义的大人们紧紧裹胁着，小脑袋因为喘不过气而耷拉得越来越低。这些人，有老师、家人，也有毫不相干的路人。当整个世界都在拼命追寻意义，而意义又成了“有用”的代名词后，那些本来真正活在意义之中的孩子们，却被“有用”绑架，被迫越来越远离了意义本身。

对孩子来说，能够自由存在和行动，有机会学着为自己的行动负责，本来就是意义的全部。可是焦虑的大人们却会认为“那怎么够”，他们的内在逻辑是：如果不做点有用的事，就不能获取更多；如果无法获取更多，就不能过上好的生活；如果过不了好的生活，那就白活了；如果白活了，那还活着干什么？而且，大人早晚会死的，死之前如果不能让孩子变得更有用一点，那他们以后怎么办？

于是，生存焦虑伴着死亡焦虑，一股脑地冲着孩子席卷了过来。等孩子一拨拨长大，“意义”和“有用”的接力棒就一拨拨传了下去；一起传下去的，还有焦虑。

欧文·亚隆说：“**需要意义的个体如何在一个没有意义的世界中找到意义？意义的意义之一就是降低焦虑，意义的存在能够减轻人在面对缺乏规律和结构的人生和世界时所产生的焦虑。**我们需要意义，还有另一个重要的理由：一旦一种意义感产生，价值观也会随之产生，反过来价值观能够强化人的意义感。”

然而，一个悖论是“活出意义”本身，却成了最大的焦虑表现。

2012年和2014年，我们机构主办过两届存在主义心理学大会及系列工作坊。在美国著名心理学家路易斯·霍夫曼博士的领衔带领下，还有四位心理学家纷纷贡献了他们的智慧思想和艺术才华，每个过程都非常精彩。

其中关于意义的分享，大会用的小标题是“骑牛而寻牛”，意思是当我们在探索意义时，常常忘了我们本身就在意义之中。意义不是被寻找、创造或者“活出来”的，而是被“活着”的。

2018年3月，我参观香港乡师自然学校时，看到一首写在牛粪环保纸上的《如意歌》，内容是：

如意如意　如如意意

人有人意　我有我意

合乎人意　并非我意

合乎我意　亦非人意

人意我意　最好同意

大家同意　仍非天意

合乎天意　才真如意

欧纪复　2006

因为喜欢，所以随即进一步了解，得知欧纪复老师是隐居在台湾花莲海边的一位现代隐士。他毕业于台湾大学化学系，并留学瑞士攻读高分子化学，1972 年回国后在台塑企业工作 10 年，1983 年正值事业高峰之时，他辞去令人羡慕的高薪主管工作，开始了极简生活：自己捡柴烧饭、栽种野菜、露天洗澡，30 多年没有买过新衣服，穿的都是别人不要的旧衣，就连脸上蓄留的山羊胡也 20 多年没刮过。他还会去菜场捡菜，因为在他看来，捡菜是惜福，可以让人学会弯腰、懂得谦卑。

欧老师的故事，让我想到了存在主义心理学关心的一个主题：无意义。我知道现在已经有越来越多年轻人开始反思：为什么一定要有意义？为什么一定要在意义的追寻中焦虑地过一生？

于是，“佛系”和“丧”开始成为流行词。而早在 30 多年前的日本，其实也出现过类似的潮流，畅销书《下流社会》写的就是这样一种现象。作者三浦展对“下流社会”的定义是：“现在的年轻一代面临就职难的困境，好不容易有了工作，加班又成了家常便饭，真可谓苦不堪言。面对职业、婚姻等方面的竞争和压力，不少人宁肯不当事业和家庭的‘中流砥柱’，而心甘情愿地将自己归入‘下流社会’的行列。”

事实上，整个世界范围内，年轻一代都在源源不断加入这个新的族群，他们最大的特征并不仅仅是低收入，更在于沟通能力、生活能力、工作意愿、学习意愿、消费意愿等的全面下降，三浦展把这种现象总结为：“对全盘人生热情低下”。

为什么年轻人不愿意努力追寻意义了呢？从系统的角度来说，是因为长辈们活得用力过头了，当整个世界在西方工业文明的目标导向影响之下高速发展的同时也制造出更大的焦虑时，年轻一代就不得不停下脚步，给整个系统刹刹车，以免人类付出更大的代价。

与西方世界观认为人的努力必须有一个“终点”不同，东方世界观更多地认为，生命是需要被体验的神秘。就像印度智者罗杰尼西所说：“存在没有目标，而只是纯粹的旅程。生命的旅程如此美丽，何必为了终点而烦恼？”

所以，欧文·亚隆总结说：“生命只是存在着，我们则恰好被投入其中。”

这也是我的感受。去除生而为人的狭隘，将自己投入到万事万物中，对无意义的恐慌感就会减少很多。花谢花开、云卷云舒，有什么意义吗？没有，可是并不妨碍它们的美好；树叶绿了又黄、黄了又落，还被人一脚一脚地踩着，有什么意义吗？也没有，可是并不妨碍它们的存在。

小时候，我经常和外公一起听广播。有一次，听到根据美国作家欧·亨利的短篇小说改编的广播剧《最后一片叶子》，又感动又难过。很多年后回想起来，心还是会疼，讲述的是华盛顿贫民窟的故事。

一个年轻女学生在寒冷的11月患上了严重的肺炎，奄奄一息的她躺在床上望着窗外的藤叶，心想等最后一片叶子落下的时候，自己的生命也就要结束了。女孩的邻居——60多岁的老画家贝尔曼知道了，在一个风雨交加的夜晚，他悄悄地爬上梯子，把自己画的一片叶子挂在了光秃秃的藤枝上。第二天，女孩醒来，看见窗外虽然狂风大作，但最后一片叶子始终还在，于是觉得有了希望，重新拥有了活下去的勇气和信念，最后真的慢慢地好了起来。而老画家却因为着凉，染上了肺炎，最后献出了自己的生命。

如果你是第一次知道这个故事，也许会说：这个老人活得就很有意义啊！可是假如我告诉你，他其实一直脾气火暴、爱取笑人、爱喝酒，画了近40年的画却一事无成，每天都说要创作出惊世之作，却始终只是空谈，你还会觉得他活得有意义吗？

也许你会调整一下，说：他最终在无意义中找到了意义。的确，这个在社会底层挣扎了一辈子、饱经风霜、穷困潦倒的老人，在生命的最后时刻，终于完成了令人震撼的杰作。如果这是他这一生的意义的话，那么这个意义其实是由无数个无意义构成的，包括对他人和对艺术的无条件的爱。

这份爱没给老人的一生带来任何收益，看起来毫无意义，但他并没有因此放弃，所以才有了最后时刻的意义显现。一切都是偶然，一切也是必然，生命之河流淌着，老人只是投身其中，像一片叶子一样经历生命的春夏秋冬，顺便也照应着另外的一些叶子。

年轻女孩就是另外的一片叶子。她将生命的希望寄托在窗外藤叶上的时候，就给本无意义的藤叶赋予了意义。这份意义差点让她失去活下去的勇气，是老人的爱，改写了她的生命轨迹。

而当年那个小小的我，之所以听到这个故事会那么心疼难过，是因为我把本来不是真实存在的无意义的老画家，想象成了自己的外公，想象外公也一定会为了救别人而献出自己的生命，而那样的话，我就再也没有外公了。因为爱，这个虚构的小说对我来说就充满了意义。

所以，在 2017 年心理学创新峰会上，我说："万物生生不息，我们心心相印。"——存在本无意义，是爱，让我们有意义地连接在了一起，因此，存在就是意义。

## 15
# 如何在死亡的终极恐惧面前活出生命的丰富性

〈 彩蛋 〉

这一章，我们了解了存在主义心理学的四个主题：死亡、自由、孤独和无意义。如果用存在主义心理治疗的创造性方法把它们串联起来，就可以写出一首很棒的诗了。

是的，在存在主义看来，诗歌不仅仅是文学艺术，还是疗愈的工具，甚至是存在本身。德国存在主义哲学的创始人、20 世纪最伟大的哲学家之一马丁·海德格尔，引用诗人弗里德里希·荷尔德林的话说："人生的本质是诗意的，人应该诗意地栖居在大地上。"在海德格尔的眼中，"诗"所具有的内涵早已经不是普通意义上的文学中的"诗"了，它不仅包含了文学审美意义上的诗意，还包括了人的主观能动的构筑和创造，是人实现自我价值的重要途径。他倡导"诗意地栖居"，是希望通过人生艺术化和诗意化来抵制科学技术带来的个性泯灭，以及生活的刻板化和碎片化。

中国现当代著名文学家梁实秋的小品文里有段话，大意是说诗人在历史里是神话，诗人在隔壁是笑话。写诗的人不一定都能过上世俗意义的好生活，却能将死亡、自由、孤独和无意义看得更通透。而在诗人看来，这才是真正的好生活。

如果我们的困扰来自生命力被世俗生活格式化，来自对死亡、自由、孤独和无意义的恐慌，无法享受活着的乐趣，那么，为什么不可以加点诗意的养分，让生命变得丰富而富有弹性呢？心理弹性，可以让你更好地应对人生一个又一个的现实历练，不断接近自我实现。

所以，请允许我以诗意的方式来回答下面三位朋友的问题。

第一位朋友特别害怕死亡，恐惧感越来越深，怎么办？

我特别怕死，这么说有点奇怪，每个人都怕，但我怕得有点夸张。我动不动就胡思乱想自己要死了，比如出门，我会想今天出门会不会被车撞，坐飞机也害怕，坐电梯也害怕，洗澡我都怕漏电，一点点不舒服我都想七想八，怀疑这怀疑那。总之，这种恐惧越来越深，导致我做什么事都害怕，也习惯性往坏处想……

不仅是这位朋友，很多人都有死亡恐惧，尤其是做了妈妈的女性。很多女性有了孩子以后越来越怕死，害怕自己死了以后孩子没人照顾。这种恐惧，与母性的保护欲和责任感有关。

一方面，面对由自己而来的幼小生命，动物界的多数母亲都会有一种保护本能，就像俄罗斯小说家屠格涅夫散文《麻雀》里描写的那样；另一方面，身心健康的人会由保护欲而滋生出责任感，觉得自己必须要为这个小生命负责，因为这个小生命是自己的一部分。而死亡，会中断所有的连接，让母亲陷入深深的无能感里。

我的朋友，作家画眉女士和她 3 岁女儿之间有一段对话。女儿之前不会扣扣子，妈妈担心地说："你连扣扣子都不会，要是妈妈死了，你怎么办呢？"不久之后的一天，孩子独立扣好了一件毛衫上的扣子，开心地对妈妈说："妈妈，你现在可以放心地去死了。"

放心地去死，多么禅意和诗意的境界。要达到这样的境界，其实得先学会放心地去爱，相信这样的爱可以穿越时间和空间的考验。放心爱，来自充足的内在安全感，安全感具足的人，才可以更勇敢和积极地投入到生活中，活得越充分，对死亡的担忧和恐惧就会越少。

回到这位朋友的问题来看，需要从以下几个步骤开始梳理。

第一，这样的恐惧是从什么时候开始的？那时有什么特别的事件发生吗？那件事跟你有什么关系？

第二，除了死亡，日常生活里有没有什么让你害怕面对、无法把握的具体事情？比如，亲友的健康、工作的稳定、情感的离合聚散。如果有，请选一件相对容易的事，采取一些你能采取的行动，比如每天多些陪伴时间。做具体的事，可以增加你的参与感和可控感，缓解无所适从的焦虑。

第三，更具体一点地想想，真正让你害怕的是死亡的结果还是过程中的痛苦？如果是前者，那么请把你能想象到的结果都写下来，看看这些结果是不是真的那么可怕；如果是后者，则需要从身心两个方面进行压力情绪的舒缓，跑步、瑜伽、正念散步都是很好的选择。

我的一位大学生来访者，当我们谈到假期中有哪些事情可以让自己脚踏实地，从虚无的恐慌中回到现实生活里来的时候，他选择了做饭和带弟弟，而且立刻行动，效果卓著。所以，认真、投入而创造性地活在当下，是直面死亡的最好办法。

很多人怕死，是因为把死定义为“丧失”“痛苦”和“未知的不确定”。

第二位朋友表达得很生动。

一想到万一自己某一天死了，这个世界还是照常运转，可我再也不能知道这世界发生了什么，再也不能思考，就会怕得要命。一边害怕，一边止不住地去想：“如果这世界没有了我，那么我去哪里了？”然后，想着这个世界上如果有鬼就好了，至少我死后有可能变成鬼，而不是那种绝对虚无的状态。

哪怕变成鬼，也比虚无的感觉要好，因为至少有了一个确定的答案。所以，人类怕死，也许不是想要活得更久，而是想要生命的确定性。

“总有一天我也会坍缩成一团黑暗，但更遥远的未来，会有人在千万光年之外，看到我们曾经存在，知道我们从未离开。”这一段文字，仿佛出自我们每个人的心里。

我有一本诗歌摘抄本，记录着自己中学时代最喜欢的诗歌。其中有两首与死亡有关，一首是克里斯蒂娜·罗塞蒂的《歌》，写着：“当我死了，亲爱的 / 不要为我唱哀伤的歌曲 / 别在我的坟上栽种玫瑰 / 也不要栽种成荫的柏树 / 只要覆盖着我的青青的草 / 畅饮与水和露珠儿 / 如果你愿意，你就想起我 / 如果你愿意，你就忘了我 / 我再也看不见柏树成荫 / 也感觉不到雨露的滋润 / 我再也听不到夜莺的歌唱 / 诉说心中的忧伤 / 我活在昏暗的梦境里 / 看不到日出和日落 / 也许我会记得你 / 也许我会把你忘记”。

另一首是英国浪漫主义诗人威廉·华兹华斯写给去世表妹的《露西组诗》，其中那句：“如今的她，不动，无力，/ 什么也不看不听；/ 天天和岩石、树木一起，/ 随地球旋转运行。”给了我无比宽广和释然的胸怀来看待死亡——我本是尘土，复归于尘土，和岩石、树木一起，随地球旋转运行，难道不也是一件很美好的事情？

当死亡的定义变成“拥有更多”“体验神奇”和“已知的确定”时，我们就可以积极活在当下、顺应天地规律，当死亡来临时，放心死去。死亡，是生命的一部分，是生命的另一种存在形式。

除了诗歌，你还可以看看电影《死亡诗社》，让被诗意点燃的生命之光，照亮你关于死亡、自由、孤独和无意义的所有体验。

诗歌，同样可以用来回答第三位朋友的问题。

我经常觉得心里酸酸的，没有爱，没有关心，没有人陪伴，忙碌着，却也孤独着，心里难受。有什么方法可以排解这种难受，让内心充实起来？

答案是：写诗。我曾给《新民晚报》写过一篇专栏文章，叫作《诗意的信仰》，里面讲到一个有关徐志摩的故事。80 多年前，年轻的徐志摩在伦敦读书，有一次大雨倾盆，徐志摩全身湿透地冲进朋友的房间，兴致勃勃地招呼朋友们“看雨后的虹去”。被招呼的人只在担心他的身体，他却又转身冲进雨中，然后真的在桥上等到了彩虹。林徽因后来问他：“怎么便知道准会有虹的？”他得意地说：“完全诗意的信仰！”

这篇文章的最后，我说：“我有一个诗意的信仰，这样的信仰让我常常热泪满眶、充满力量。”

愿你也拥有诗意的信仰，然后，你就可以发现，就像欧文·亚隆所说：“我们都是黑暗海洋上行驶的孤独船只。我们可以看到其他船上的灯光，虽然我们无法碰触这些船，但是它们的存在及处境的相似给我们提供了莫大的安慰。我们意识到自己的全然孤独和无助。但是如果我们能够走出自己的封闭空间，发现他人在同样的孤独和恐惧中，我们对孤独的恐惧就会转为对他人的同情，使我们不再那样惊慌。”

CHAPTER FOUR

第 4 章

# 历练知行合一，唤醒你的强大内心

〈 王阳明心学 〉

# 16 如何做到该坚定时固守本心，该行动时顺势而为

## 〈 此心不动，随机而动 〉

我家进门的脚垫上，写着一句“Keep calm and carry on（保持冷静，继续前行）”。这句话是1939年第二次世界大战开始时，英国皇家政府制作的海报上的，原计划是如果纳粹德国占领英国，就用它来鼓舞民众士气。

英国《经济学人》杂志说，这张海报反映了典型的英国性格，反映了国民所设想中的英国人形象：低调、勇敢而略显刻板，能在轰炸中照常煮茶。

2007年金融危机中，这张海报又流行起来。许多英国医院的员工休息室中贴有这张海报，这句话也被英国护士作为非正式的口号。据说，英国首相战略部及白金汉宫宫务大臣的办公室内也贴有这张海报。

我喜欢这句话，是因为大概在2007年的时候，我们机构的发展也同样面临着很多挑战和压力，为了鼓舞团队、勉励自己，我

从心底涌出来一句话："如如不动，全力以赴"。意思是：内心保持安定，外在全力行动。后来看到了那张英国海报，觉得就像看到了"如如不动，全力以赴"的英文版，真的是心有戚戚焉。我选择那个脚垫，是希望家人们每天都能保持这样的状态，出入于日常生活的每一天。

再后来，在成都文殊院图书馆看到了影印版的古籍《阳明先生集要》，大喜过望，复印了整本书，想细细研读，在此心有所感、随机而动，希望跟朋友们分享其中的精华。

随机而动，是明代思想家、军事家和文学家王阳明开创的心学的重要观点之一，完整的表达是："此心不动，随机而动"。这八个字，是王阳明在平叛宁王叛乱期间提出来的。

当时，官府想尽办法集结了一批官兵。而王阳明却不着急发兵剿匪。一同参与平复叛乱的知府问他为什么按兵不动，王阳明与他探讨兵法，并说出了"此心不动，随机而动"八字箴言。这句箴言让王阳明在历史上战无不胜。

其实，年轻时代的王阳明就在心里种下了这颗思想的种子。他曾经两次考科举而不中，第二次落榜之后回到家，大家都以为他会比较难过，打算安慰他，谁知他说："世以不得第为耻，吾以不得第动心为耻"。意思是说，大多数人都以为考了两次没考上是一件可耻的事情，他却认为这并不是什么可耻的事情，相反，如果因为落榜就自怨自艾、怨天尤人、闹情绪，这才是可耻的。

在我看来，"此心不动"就是"keep calm"和"如如不动"。它不是教我们冷漠、冷酷，对周边人和事不理不睬、不关心，而是说，我们能够保持自我心身统一的完整性和安定性，心灵是自己的主宰，保持这个主宰，就不会被外界的一切东西，包括名誉、功名、富贵、利禄等牵引，使自己丧失本心。

从心理学角度来理解，不动心是指人格的独立、完善和健全，只有这样，内心的方向和力量才不被外界的变化而动摇，才可以全力以赴、继续前行。

王阳明的心学思想成形之前，因为身体不好，他深入修习过佛道两家的养生术，提倡“静坐”，类似于正念练习，并且修炼到了比较精深的境界。后来，他因为在官场仗义执言而被贬职流放到龙场，结果因为“此心不动”，所以能够“随机而动”，将坏事变成好事。这就是历史上著名的“龙场悟道”。

因为“此心不动，随机而动”，王阳明的一生真正实现了儒家理想人格“内圣外王”的追求。内圣主要体现在心学上的造诣和贡献，和陆九渊的思想合称为“陆王心学”；外王则体现在仕途和战场上无往而不胜的赫赫功绩。

那么，我们如何从这个完成了自我实现的古人身上，汲取我们过好自己今生的养分？

王阳明有首诗说：“无善无恶心之体，有善有恶意之动。知善知恶是良知，为善去恶是格物。”无善无恶，是指没有私心物欲遮蔽、没有念头丛生的心本来的样子，是符合天地自然规律的态势，也就是天理的；当有了起心动念，就有了符合天理的善和不符合天理的恶的分别，而不是道德意义上的善恶之分。良知是指自我觉察、念念分明，分辨得出哪些是合乎天理的；为善去恶，就是带着正念管理好自己的心，知行合一，采取顺应天理、顺势而为的行动。

善恶的分辨很容易被误解为道德的善恶，事实上，如果我们把它还原成日常生活里的情形，就会一目了然。

比如，我常常接到一些朋友的孩子高考前后打来的电话，他们的问题都是："阿姨，我想学心理学，可我妈不让，说以后不好找工作，你能不能说服我妈？"然后他们的妈妈就会抢过电话，噼里啪啦说一堆不允许的理由，最后还会加上一句："别人都说学心理学的人问题多，我怕他越学越不正常怎么办？"

这时候，我的任务就是先要让自己"此心不动"——既不拿自己个人经验来说服妈妈们"学心理学是一个'善'的选择"，又不否定和掩盖"有可能不好找工作的'恶'果"。怎么办呢？我要做的是"随机而动"，而"机"，在这里是指父母和孩子在这件事上的关键分歧、各自准备和心理发展态势。

我会请孩子当着妈妈的面说明自己喜欢心理学的缘由，而这时，孩子往往会袒露一些妈妈从不知道的心声，比如：父母经常吵架，自己是在孤独害怕之中长大的，希望学习心理学之后，可以帮助更多跟自己有类似经历的孩子；或者，有好友因为心理疾病而休学甚至自杀，想通过学习心理学来缓解自己当时没有能够帮到好友的内疚和悔恨……

这时，一旁的妈妈们往往会安静下来，有的还会开始抽泣，因为从不知道孩子不听话的表象背后，其实是有着他们那么强烈的心理需求。让妈妈们了解孩子的深层需求，就是把她们带入到孩子的心理发展态势之中，顺着孩子的目光望向前方，看看她们看见了什么；同时，我也会邀请孩子站在妈妈的角度，顺着妈妈的视线看过去，看看两人的视线有没有可以交汇的地方。

这么做的结果是，有的孩子如愿以偿，不但取得了妈妈的理解，还得到了妈妈的实际支持，比如妈妈跟他一起去听心理学的讲座，去大学蹭一些公开课，切身地了解和感受心理学；有的孩子则采纳了妈妈建议中合理的部分，根据自己的优势选择某个本科专业，再把心理学定为未来研究生阶段的专业方向。

对他们来说，顺势而为，才是他们善的选择。而要看见这样的善，需要孩子展现真实的自我，父母放下自己的私心物欲和担忧杂念。

对你来说，也一样。当面对选择困境的时候，不妨试着先找到自己的生命主线，回归自己的生命中心，看一看内心深处真实的自己想要去的方向，把各种选项带入到“我愿意……”的句式里，而不是用“我必须”“我应该”来造一个关于选择的句子。

经常这样练习，慢慢地，你也就能接近“此心不动，随机而动”的境界，并且运用自如，该放过自己的时候放过自己，该努力的时候全力以赴。

## 17
## 我们以为的理所当然有多少不合理的想当然

〈 心即理 〉

林紫机构上海总部，最早设在商务大楼内。咨询室虽然很温馨，但大楼有些年头了，不是那么光鲜亮丽。有一位先生来咨询，每次咨询完填写反馈表时，不是抱怨沙发，就是抱怨咨询师，满分 5 分的问卷，从来都只打 3 分。

我们的助理分别向来访者和咨询师了解情况，并询问来访者是否需要转介另一位咨询师，可来访者又并不想转介。

后来，机构搬到了独栋的西班牙风格小楼内，小楼坐落在老上海人所说的名流聚居的“上只角”里，是有历史有故事的保护建筑，房间里还有壁炉。同样是这位先生，每次咨询完都神采奕奕，反馈表上全部变成了 5 分。

助理很好奇，同样的沙发、同样的咨询师，为什么反馈完全不同了呢？这位先生说：“嗯，这栋楼和我小时候住的地方很像，这样的环境才配得上我心里的想象，咨询就应该在高贵的地方进行。”

这位可爱的先生，一语道破了“心即理”。当他心中关于咨询的想象是“应该在高贵的地方进行”时，原来的咨询环境就成了不合理的；而对高贵环境的想象，来自他内心深处对自己“出身高贵”的身份背景的执着。这份执着，让他不自觉地将自我标准当作了“天理”。

“心即理”是王阳明心学理论的奠基石，意思是“天理”不要去向外寻找，而是应该往内心去寻找。这句话最初是宋朝心学大师陆九渊提出来的，王阳明在他的基础上，将“心即理”解释得更加深入和通透了。他认为：心外无事，心外无物，天地万物也无善无恶，所以我们对待天地万物的态度本来也该是无善无恶的。

《传习录》里有一个故事，可以帮助大家理解王阳明的观点。

王阳明的弟子薛侃有一天在花园中边挥汗除草，边感叹说：“为什么天地之间，善难培养，恶难铲除?！”王阳明说：“你没培养善，也没有铲除恶。天生万物和花园里有花又有草一样，哪里有善恶之别呢？你想赏花，花就是善的，草就是恶的。可如果有一天，你要铺个草坪，草又是善的，草坪里的花就被当成恶的了。这种‘善恶’都是由你的私意产生，所以就是错误的。同样，黄金在你手上，是善的，可如果在胃里就是恶的了；同样一个人，在朋友心中是善的，而在他的敌人心中，他就是十恶不赦的。”

很多人都认为这个世界太残酷，因为我们总感觉自己常受到束缚，精神也不能自主。实际上，我们之所以受到客观条件的限制，是因为我们和外物产生了对立，总是以自己的标准来衡量外物，于是就有了是非好恶的情感和判断，反过来又困扰了我们自己。

认知行为理论与心学的“心即理”观点比较接近。认知行为学派认为，人的情绪来自人对所遭遇的事情的信念、评价、解释或哲学观点，而非来自事情本身，因此主张通过调整个体的思维、信念和行为来改变不良认知，从而改变不良的行为和情绪。而一个人的固有思维和信念一旦形成，往往会被自己当作“天理”，在自动化机制的作用下，不自觉地泛化到每一个行动里。

合理情绪疗法创始人、美国临床心理学家阿尔伯特·艾利斯把困扰人们的不合理认知叫作“非理性信念”，这些信念都具有“绝对化、以偏概全和灾难化”等特点。下面的 11 种比较普遍，你可以对照看看自己有没有这些信念。

- 我们绝对需要每一位生活中重要人物的喜爱或赞许。
- 一个人应该在各方面，至少在一方面有成就，有才干，这样才是有价值的人。
- 有些人是卑劣的，他们应该为自己的恶行受到严厉的责备和惩罚。
- 如果遇到与自己希望所不一致的事情，就认为很糟糕。
- 人的不快是由外在环境原因造成的，人无法控制自己的悲伤和情绪困扰。

- 常担心危险或灾难性事件的发生。
- 逃避困难和责任比面对它们更容易。逃避困难和责任可使人们得到暂时的安全和解脱，但同时会带来更多的麻烦和困扰。
- 人应该依赖别人，而且需要依赖一个比自己强的人。
- 人的行为受到过去经验的影响，一件事情只要对人产生了影响，这种影响就会持续一辈子。
- 应该对别人的困难和情绪困扰感到不安。
- 对任何一个问题，都应有正确的、完美的解决方法，如果找不到，就会很糟糕。

心即理，要得到善的行为和结果，就需要从内心调整这些我们以为是天经地义的标准，而不是期望外部的改变。

比如，有的妻子在咨询中控诉丈夫："他每天在外面跟别人谈笑风生，到了家里跟我就一句话都没有了，我好心关心他，多问几句，他还烦！你说我能不怀疑他有外遇么?！"在她看来，讲话才表示亲密，询问是表达关心。然而她的丈夫却说："回到家里很累，什么都不想说，也不需要妻子端茶倒水问这问那，只希望她能轻轻地靠在自己身边，安安静静地坐一会儿，就会感觉放松很多。"

所以，**困扰我们的往往不是关系本身，而是彼此内心存着不同的"理"。**

要解决问题、修通关系，就需要先做到“此心不动”，不以个人的标准和判断给对方贴标签，然后才能“随机而动”。

还有一种情况，就是我们虽然明白了“心即理”，觉得自己可以保持“价值观中立”来看待外界的人和事了，但实际上又生出另一种不合理信念，认为自己所知道的也应该是别人都懂得的，于是常常受“好心当作驴肝肺”的伤。

有个笑话，说山路之上，一辆汽车正开过来，路边有一个小和尚，高举“回头是岸”的横幅，大喊：“施主看这里！”车内一个年轻人隔窗笑骂了一句：“傻瓜！”然后飞驰转弯而去。10 秒钟后，传来一阵碰撞、惨叫和坠落声。小和尚遗憾地回到寺院里，问大和尚说：“师父，是不是还是直接写‘前方桥梁已断’好一些？”

有没有发现，很多时候我们也像小和尚一样，努力想把自己看到的、懂得的告诉对方，却忘了当对方的心还没有准备好，与我们不在同一个语境、同一种“理”的认知中时，我们的努力只能是无用功。

在这点上，孔子的“因材施教”和佛陀的“对机说法”有着同样的智慧，针对不同的人、不同的情境，仍然只有“此心不动”，然后“随机而动”，而不是固守自己的“理”。

所以，明白了“心即理”，同时也要明白不同的人，其心生出不同的“理”，可能“汝之蜜糖，彼之砒霜”。同样是春雨，在杜甫眼里是“好雨知时节，当春乃发生”。在杜牧眼里则是“清明时节雨纷纷，路上行人欲断魂”。即使是同一个人，不同时间、不同心情下听到的雨也大不相同，比如南宋词人蒋捷的《虞美人·听雨》里写到的：“少年听雨歌楼上，红烛昏罗帐。壮年听雨客舟中，江阔云低，断雁叫西风。而今听雨僧庐下，鬓已星星也。悲欢离合总无情，一任阶前，点滴到天明。”

正因为如此，我们既不能强求他人接受我们的理，也不必以他人的理作为标准来衡量自己，要想得到善的结果，只有不断检查哪些是天理、哪些是人欲，然后去伪存真，通过自律来达到人格的完善和稳定。

比如，饿了吃饭是天理，但非要吃大鱼大肉就是人欲；困了睡觉也是天理，但非要睡在豪宅里就是人欲。顺应天理不会有恶的结果，带来烦恼的其实都是人欲及人欲带来的非理性信念。

## ○练习

这里有一个有用的工具——认知行为疗法中的“箭头向下技术”。具体的操作是拿一张白纸，在最上面写下自己的某种困惑、烦恼或受挫体验，然后在这个句子下面画一个向下的箭头，同时问自己：“这对我来说意味着什么呢？”

把你的答案写在箭头下，然后在答案之下再画一个向下的箭头，再问自己同样的问题：“这对我来说意味着什么？”

然后继续写下答案。以此类推，不断重复地问下去，直到答案让你渐渐能够分离出你的心中哪些是天理，哪些是非理性信念下隐藏着的人欲。

## 18
## 为什么我们会无视生活的意义和价值感

### 〈 心外无物 〉

西安一个15岁的初中男孩，因为爱美，想留长发，学校不允许，老师带他去理发后，孩子嫌头发太短不愿上学，爸爸反复劝说，孩子先是离家出走，被找回来后没几天，就从32层跳了下去。

跳楼前，孩子给好友留言说："我先行去世，你保重……转告他们，是我爸逼的。我跟这个世界观念不同，活不下去……"

孩子的爸爸伤心懊悔地说："这十几天，我极力规劝，忽略了孩子的感受，如果有人站出来说，别去上学了，咱就等头发长了再去，也许就不会有这样的结果。"

多么希望有更多的父母在悲剧发生前就先有这样的觉醒。如果有人能早点听到、听懂和尊重孩子内心的痛苦，真正明白孩子说的"我跟这个世界观念不同，活不下去"是怎样的折磨，这个世界也许就不会让那么多本想好好活着的孩子绝望而去。

是什么让孩子如此绝望呢?

我在想，很多时候可能是大人们一颗颗被格式化的、失去了美感、失去了自由、失去了独立思考兴趣的心。孩子们活在大人由心而造的环境里，活不下去的时候只有选择离开，活下来的，为了适应，渐渐就变成下一批这样的大人，继续制造着同样的环境。

内在安全感、归属感和完善的社会支持系统，是影响人们心理健康的重要因素。而这些因素对孩子们来说，只能通过大人获得。如果大人的心里不能给每个独一无二的孩子留有独立空间，那么世界再大，也没有孩子们的容身之地。因为境由心造，心外无物。

心外无物，也是王阳明心学的一个重要观点。

《传习录》里记载了一个故事：有一天，王阳明和朋友一起游览会稽山，朋友指着山中岩石里一朵盛放的花儿，问王阳明："你经常说天下没有心外之物，这花儿在深山中自开自落，跟我们的心有何关系呢？"王阳明说："你未看此花时，此花与汝心同归于寂；你既来看此花，则此花颜色一时明白起来，便知此花不在你的心外。"

同归于寂的"寂"，指的是实物存在于我们主观的自我意识之外的状态。这段话的意思是：你没看花时，你是你，花是花，两不相干，花对你来说是没有意义的；只有当你看到花时，花才进入了你的心中，成为你意识的对象，花便在你的世界中占据了一个角落，你的世界有了花，花的世界有了你。

我们用电视和频道举例更容易理解。比如，空间里存在着 100 个频道，对只能收到 50 个频道的电视机来说，另外 50 个频道就是不存在的；一个人打开电视收看其中一个频道时，其他 99 个频道对他来说是无意义的；一个人从来都不看电视，那么这 100 个频道都不存在于他的生命里。

有次飞机正在高空飞行，坐在我后排的一位女士，与她后面的一位男士大吵了一架，惊动了周边旅客和安保人员，原来她想放倒座椅休息，可是座位挨得太近，影响了后面的那位男士。

男士敲打座椅，希望她抬高一点，可女士说："这是我的权利！既然座椅能放到这么低，我就有权利放这么低！"男士说："你的权利不能影响我的权利！"女士高声说："有本事你来打我呀！你来打我呀！"

眼看双方火气升级，安保人员和空姐束手无策，我转身握住了女士的手，轻轻拍了拍。女士回头看看我，我说："座位确实太小了，你们都不容易！"

女士愣了一下，开始哭起来，男士原本处于战斗状态的身体姿势也放松了下来，向后靠了靠，嘟哝了一句："算了算了！我就不说她了！"

一场剑拔弩张的冲突化解了，而化解的关键动作是：我和女士的手部接触。座位挨得太近，就像王阳明的那朵花，虽然整个飞机上100多人都面对着这朵“花”，但其他人并没有把它放在心上，所以彼此照顾、相安无事。

这位女士不同，她希望争取更大的空间，所以这朵“花”就在她的心里越开越大，上升到了权利层面。

后排的男士被挤压后，也看见了这朵“花”，于是奋起反抗。与此同时，女士不断地说“你来打我呀”挑衅对方，说明她的成长经历或日常生活里可能存在着“施虐—受虐”的关系模式，而她已经陷落进去。

在这种模式下，男士的反抗和安保人员的调节都被她看成对自己的威胁和否定，只有激起暴力才能“完形”。而我的接触和轻轻拍打，是为了将她带出这个模式，回到当下，面对自己真实的情绪。

这场冲突，与其说是发生在航班上，不如说是发生在两人的心里。因为两人的着力点都集中在“花”上的时候，座位问题就被放大凸显了出来。

女士哭出来以后，男士的注意力也被成功转移，座位的空间大小并没有改变，但“花”突然消失了，因为心外无物——空间随着心的变大而变大了。

回到本节开头那个跳楼男孩的案例来看，当大人们放下好坏对错的判断，“留长头发”本身就只是个人的喜好，与一个孩子的品德没有直接关联；可是如果大人把头发的长短定义为是否遵守规矩，而孩子的心里却把它看作美丑的选择和自我观点表达的话，头发这朵“花”就成了冲突的焦点。

如果大人们的心再放得更大一点，允许孩子表达自己的观点，倾听孩子留头发背后的心声的话，悲剧也许就不会发生。

头发只是头发，是人们的心让它成为问题。反过来，要解决问题，并不能依靠剪头发这个外部的改变，而是需要先从内心调整。

王阳明从心、意、知、物四个层面对“心外无物”做过具体阐述，被称为“四句理”：

身之主宰便是心

心之所发便是意

意之本体便是知

意之所在便是物

这里的“意”，指意识、意念，“意之所在”指意识对象，而“物”并不单指山川草木等物，还包括“事”，也就是构成人类生活的各种活动。这句话的意思是说，我们的心决定了我们对外界事物的认知和定义，而不是外界事物本身。

比如，吃家人以外的人剩的饭，在很多人看来是只有乞丐才会做的、卑贱和不卫生的事。可是汶川地震援助时，我们却发现，为我们提供车辆交通支持的成都枣子树素食餐厅的员工们，却每一顿都会把桌上所有人碗里的剩饭剩菜吃干净。

我们问他们为什么这么做，他们说："第一次跟老板一起吃饭的时候，老板看见大家碗里有剩饭，什么都没说，把每个人的剩饭都吃干净了，大家很感动也很震撼，从此以后再也不剩饭，而且也会吃别人的剩饭了，因为知道了这不是卑贱和吝啬，而是'惜福'。"

你看，当被定义为惜福的时候，别人的"剩饭"看起来就不再是无法接受的事物了。

说说我自己的一次体验。圆子几个月大的时候，有一段时间便秘，我很担心，想了各种办法都不见效。有一天给她洗澡，小家伙突然把"粑粑"拉在了我的手心里，我立刻像如获至宝一样开心，然后开始反思：如果这是别人的"粑粑"，我还会不会是同样欢喜的感觉呢？会不会觉得恶心呢？其实，"粑粑"就是"粑粑"，本身没有分别，很多时候是我们的"分别心"把它定义为了恶心。

换句话讲，万事万物的存在本身没有价值高低和好坏，是我们的定义让它们有了分别；反过来，当我们觉得人生无意义、无价值的时候，其实并不是人生真的没有意义和价值，而是我们忽略了日常生活里那些可以被赋予意义和价值的存在。

就像法国著名雕塑家罗丹所说："生活中从不缺少美，而是缺少发现美的眼睛。"你的世界，由你的所见、所闻、所思、所感构成，跟别人的都不一样。

有一次，我在山里看到圆月，觉得非常安静，就写了一首诗，最后一句是："月止人间心。"一个朋友看见了，打趣说："应该是'月乱人间心'才对啊！"

是止还是乱，用你的心去定义你的生活吧！

# 19
# 为什么道理都懂可我们就是做不到

## 〈 知行合一 〉

很多来访者第一次咨询的时候都会说:“不瞒你说,我看过很多心理学书籍,道理我都懂,可就是做不到。”

这句话,你一定不陌生。知道却做不到的人比比皆是。仅仅做不到,还不算是最苦恼的;真正让人深陷苦恼之中的是,“知道”得太多而行动没有跟上。

佛学里有个名词叫作“所知障”,总结得很精辟。所知障本来的意思是对世界的本质真相、运行法则和万物之间的依存关联所知不足,阻碍了自我人格的发展和完善。

后来,针对学佛热之下许多人只注重知识积累而缺少真修实践的现象,一些高僧大德对机开示,将所知障引申出另外一层含义:“所知太多,障碍一心不乱。”这里的“知”指的是知道知识,而不具备智慧。

从心理学角度来说,头脑知道太多道理,可能造成超我过强、本我被压抑，所以当中的自我就活得比较分裂，知行很难统一。大家常说“什么都知道，却还是过不好今生”，是因为很多人知道的只是知识和道理，活在头脑层面，心却没有跟上。

就像有一次我给微软高管做培训，当时一位HR主管风趣地总结说：“看人健身不减肥。”道理是别人的，生活是自己的，要想过得好，不在于知识和道理的堆砌，而在于智慧的增长。

济群法师是中国最早将佛学和心理学加以结合，进行研究和实践的一位智者。谈到知识和智慧的区别，他说：“知识使人复杂，智慧使人单纯。”

对此我深有同感，所以每一次都会回复来访者说：“可以先把书本放下，心理咨询不讲道理，只是帮你知行合一，而理解自己的行为、知道自己实际上是谁，比否定自己的行为、知道自己应该是谁更重要。”

森田疗法创始人森田正马，也主张在第一个治疗阶段绝对卧床期“无为”，不允许看任何书籍；第二个治疗阶段轻作业期“少为”，早上可以朗读，但只能读“古事记”等。

看起来，特定情况下减少知识的学习会让所知甚少，实际上却给了我们真正了解生命本质的机会。就像屋子里有十盏灯，如果不打开它们，屋子还是暗的；假如只有一盏灯，哪怕是酥油灯，只要点亮它，屋子也会慢慢亮起来。

中国国学大师南怀瑾老师曾经说，现代人学禅都学成了“口头禅”，嘴上说得头头是道，但离生命的真相却越来越远。实际上，这也是知行无法合一的问题。

知和行的关系，一直是宋儒文化和程朱理学的重要研究内容，主要讨论的是道德知识与道德实践的关系问题。有人认为知易行难，懂得理论是容易的，实践是很难的。有人则认为知难行易，领悟道理很难，实践很容易，比如理学家朱熹。

王阳明认为，懂得道理很重要，实际运用也很重要。要想实现崇高伟大的志向、实现自我，必须有符合实际、脚踏实地的方法。他的主要哲学思想著作《传习录》，对“知行合一”做了完整阐述，大意是知和行是一件事的两个方面，可以从几个方面来理解。

第一，知行本体。

“知”不仅仅指知识和道理，也指意识、意念、意欲等知觉和主观形式。而“行”的意义则更加宽泛，既可以指人的一切外在行为，也包括人的心理活动和现象。“知”包含了必能行，所以叫知行本体。比如说，渴了喝水，饿了吃饭，身心统一完整，这就是最简单的知行合一。

第二，真知即所以为行，不行不足以谓知。

意思是真正觉悟的人，一定会将所学所悟付诸实践，而那些没有经历过或者没有体现实际行动的，并不能叫作真正的自觉和感悟。也就是说，看一个人知不知，不是听他怎么说怎么想，而是看他怎么做，比如孝顺父母、“没有分别心”。知而不行，只是未知。

第三，知是行之始，行是知之成。

知是行的开始，行是知的完成，知必须通过行来实现。知和行互为条件，两者不是对立的，也不是独立、先后或割裂的关系，而是不可分离的。一念之动，就是行的开始。王阳明说他的立言宗旨是：念头升起时，就随时根除恶念、保留善念。心中有善念，则必须要“行”出来、付诸实施，才算“行善”。

我更喜欢用佛学概念“起心动念”来理解知行合一，因为“心”和“念”是知的话，“起”和“动”就是行。同时，在我来看，王阳明说的“善”也更接近佛学所说“善知识”里“善”的概念，指的是有智慧，而不仅仅是道德意义。就像前面所说，十盏灯如果是十条戒律和道德标准的话，知道它们的存在并不能照亮我们的一生，只有具备了点亮它们的智慧和行动，才能驱除无明和昏暗。

宋代理学家朱熹认为，人性中的一些东西违背了天理，所以理想的目标是“存天理、灭人欲”，然而，如果所知违反了人性，就像超我对本我的压抑，自我的所行就做不到，最后只能导致知行脱离，不是变成伪君子，就可能患上神经症。

王阳明心学则认为，“吾心之良知，即所谓天理也。致吾心良知之天理于事事物物，则事事物物皆得其理矣”。意思是天理和人欲不是对立的，知和行都产生于心，心即理，而“致良知”就是带着对事物本来面目的智慧觉察，让知行合一。

觉察自己的非理性信念，并不是要“灭人欲”，而是看清楚人欲之后，将它们调整到不伤害自己、不伤害他人、不伤害世界的状态里，然后达到知和行、心和身的统一。

比如，对“只有睡在豪宅里我才算幸福”的非理性信念，我们要做的是看见自己的欲望，然后根据实际情况和自身能力决定：是继续向这个目标努力，还是折中一下，将信念修正为“睡在自己买的房子里就很幸福”，或者发现“睡在哪里都可以幸福”，于是完全放下。无论哪个决定，没有绝对的好坏对错，只要能让自己知行合一，就有幸福的可能性。

萨提亚家庭治疗理论中的“一致性”也表示，有智慧的高品质人生，也是身心一致、表里一致、内外一致的。

认知行为学派的技术和理论，与知行合一的思想也有不谋而合之处。我们说过，认知行为学派认为人的情绪来自人对所遭遇的事情的信念、评价、解释或哲学观点，而非来自事情本身，因此主张通过调整个体的思维和信念，来改变不良认知，从而改变不良的行为和情绪。

此外，美国心理学家劳伦斯·巴斯劳提出的“具身认知”概念，也可以看作知行合一的心理学应用。具身认知指的是生理体验与心理状态之间有着强烈的联系，生理体验“激活”心理感觉，反过来也一样。

比如吊桥实验，同样一个女郎，站在平坦的道路尽头和站在晃来晃去的吊桥尽头，与她邂逅的男士们为她动心的概率是不同的。因为走过吊桥时人的心理会更紧张，肾上腺素分泌会更多，而这些生理反应和“动心”的生理反应很相似，所以男士们会误以为是这个女孩吸引了我。

身体的反应和动作会变成身体的记忆，影响我们的心理反应和选择判断，所以聪明的商家会把贵的物品放在顾客右手能够碰到的地方，因为多数人都是右撇子。

知行合一，不是表演给别人看，而是让自己活得更自在。这些年，我把更多精力放在将心理学与自然教育的结合上，原因之一就像《林间最后的小孩》作者理查德·洛夫所说：“孩子们关于自然的知识越来越多，和自然的接触却越来越少。”这样的知行分离，导致越来越多的孩子和大人患上了“自然缺失症”，而我想做的，是陪伴更多人身心同在、知行合一，更好地与万物一起生生不息，包括你。

# 20
# 如何运用知行合一思想
# 提升抗压能力和心理素质

## 〈 彩蛋 〉

美国苹果公司联合创始人乔布斯先生长期参禅，一直强调“跟随自己的内心”，这与“心外无物”“心即理”和王阳明先生临终遗言“此心光明，亦复何言”如出一辙。乔布斯每天早晨都对着镜子问自己：“如果今天是我生命中的最后一天，我还愿意做原计划今天要做的事情吗？”也正是在“致良知”和“知行合一”。

中外历史上，包括曾国藩、德川家康、稻盛和夫等在内的许多大成就者，都推崇王阳明思想，日本明治维新也是受了心学的影响。实际上，无论成就大小、地位高低，每个人都有着人格完善、自我实现的心理需求，所以，心学其实对每个人都是一份心灵宝藏。这份宝藏，只是帮大家打开一扇窗，看到更远处的风景，即使暂时不能全部消化也没有关系，放过自己，就让它静静地在那里，早晚有一天，你走着走着就到了。

我们通过两位朋友的问题，来看看如何学以致用、知行合一。

先来看第一位朋友的问题。

怎么提升抗压能力和心理素质?

我特别容易紧张，一到关键时刻就掉链子。比如开会轮到我发言，明明打好了草稿，一开口就磕磕碰碰的；在压力下完全不能专注、投入，一边告诉自己要冷静，一边却更加紧张。我自己觉得就是抗压能力不够，似乎是太紧张的原因，现在已经连玩牌都会紧张得手心出汗了。

这个问题，同样可以从不同角度切入和解读，这里我们就来练习“知行合一”的改善技巧。

(1) 请检查自己的“知”。

在认知的层面，运用箭头向下技术问问自己：“开会讲话，对我来说意味着什么呢？”你可能会说：“意味着被别人关注。”如果是，继续问自己：“被别人关注，对我来说又意味着什么呢？”答案也许是：“怕别人说我不好。”继续问自己：“别人说我不好，对我来说又意味着什么呢？”仔细想想，也许你会发现：“意味着我没有价值。”那么，“没有价值又意味着什么呢？”假设答案是：“意味着我得不到别人的尊重和喜爱。”

到这一步，你可以就此打住，检验一下你的非理性信念是否成立——从小到大，真的是从来没有人尊重和喜爱你吗？有没有例外？如果有，你是如何做到的？又说明了什么呢？

你也可以顺着刚才的答案继续刨根问底："得不到别人的尊重和喜爱，又意味着什么呢？"静静体会，你的心里也许会有一些以为忘记的创伤事件浮上来，比如童年时父母、老师等某个关键人物对你的打击和否定，一个特别渴望被无条件接纳和关爱却没有得到满足的时刻。

这些事件的重现会让你难过，但是请在这份难过里待一会儿，让自己看到紧张是怎样来到了你的生命里。看清楚之后，请告诉自己：现在的我已经长大了，可以试着学习无条件接纳和关爱自己，可以学习自我肯定而不再依赖他人的肯定；我并不是生来就容易紧张，是这些经历困住了我；我的紧张其实是内心需要没有被满足的反映，我需要被爱、被肯定，而现在，我愿意做些事情来帮助我自己。

（2）请检查自己的"行"。

当你感到紧张时，你的身体从头到脚、从内到外的反应是怎样的呢？头皮有没有发麻？眉头有没有皱起来？鼻尖会不会冒汗？脸颊发红发热吗？你的双肩和背部是僵硬的吗？手有没有发抖？腿脚有没有发软？心跳有没有加快？胃部感到不舒服了吗？呼吸是怎样的呢？……

细细地感受自己身体的每个部分，就像扫描一样，看清楚自己在紧张时的全部反应，同时觉察自己的动作：你是用哪只手拿起发言稿的呢？你手指的力量是大还是小？你的声音和语速是怎样的？讲话的时候，你会用余光偷偷地瞟一瞟周围的人吗？当你站着讲话和坐着讲话的时候，会有什么不同呢？

（3）开始知行合一练习。

首先，你想让自己的心“冷静”和“专注”，就先要让自己的身体学会并且记住“冷静”和“专注”时的体验。比如，你可以进行渐进式的放松，从头到脚让身体的每个部分先体会紧张的感觉，保持一会儿，然后慢慢放松，彻底地放松，细细体会放松时身体各部分的感觉。

你可以在心里给自己这样的指导语：“现在，皱紧我的眉头，用力皱紧，保持一会儿，然后，放松，彻底地放松……现在，握紧我的拳头，用力握紧，保持一会儿，然后，放松，彻底地放松……”以此类推，每天晚上临睡前躺在床上，从头到脚让身体的每个部分都进行一次从紧张到放松的练习，慢慢地，你的身体会记住放松的感觉。

其次，参加一个瑜伽训练班，每周一次，与同样感到紧张和压力的人们一同练习，让放松身体成为生活的一门必修课。

再次，每天可以对着镜子练习讲话，并用手机录下自己讲话的过程。讲话前，看着镜子里的自己，呼吸、微笑、与镜子里的自己目光相对、用坚定自信的眼神鼓励镜子中的自己；开始讲话时，抬高声音、放慢语速，还可以配上舒缓的音乐，同时想象听众正在专注地听你讲，他们的脸上还浮现出会心的微笑。

坚持三个月的练习后，你可以找几个你信任的朋友，坐下来专门听你讲话，并给你反馈。积极的反馈会给你信心，而消极的反馈则会增强你的受挫力。当接收到消极反馈时，告诉自己：“这是朋友们对我刚才讲话过程的反馈，而不是对我这个人本身的。”

这些日常的练习，就是行。只有知行合一，内外都放松了，你才能真正放松下来。

除了日常的练习，你还可以掌握一两种有效的快速放松自己的方法，比如感到紧张时握紧拳头，然后放松，反复三次；轻柔转动手腕和脚腕，深呼吸；等等。

我们再来看第二位朋友的问题。

父母的控制欲太强，该怎么办？

我一直想活出自己，但是他们永远想把我压制住。大学的时候逼我和当时的男朋友分手，毕业以后又逼我考公务员，他们永远都是铺好了路让我走。有时候我在想活着是为了什么，就为了按他们的想法去活吗？我心里一直就想不明白，一直就过不去。

这个问题不但影响我的生活还影响我的工作。现在我无法投入，工作总出错，总被领导批评。感觉自己都快抑郁了，我该怎么办？

我们用这个问题来练习“心外无物”。还记得王阳明“南镇看花”的故事吗？假如把“父母的控制欲”当作一朵不那么美的花，这朵花之所以影响到了你，是因为你把它看在了眼里。换句话说，父母的控制，只有通过你的允许才能“开花”。

你一定会万分委屈：明明痛苦的是我，为什么问题反而出在我身上呢?

其实,“心外无物”并不是说“都是你的错”,而是说假如现在的状况不是你想要的,那么除了你,没有人能够改变它。父母的控制欲是他们的问题,不想被控制是你的需要。如果把重心放在责怪和改变父母之上,你就会感到频频受挫,因为他们会和你一样不想被控制。唯一的办法是:收回你的着力点,看一看你可以做哪些努力来掌控自己的生活。

比如,当父母要求你和男朋友分手,无论他们用怎样的方式,假如在你的心里,跟男朋友在一起的愿望足够坚定,坚定得像古代的“富二代”才女卓文君一样可以义无反顾的话,那么父母会不会继续铺好了路让你走呢?假如你能够像卓文君一样,既可以吟诗作赋,又能够当垆卖酒,为自己争取自由的同时很好地担当起自己的责任的话,父母最终会不会也能够像文君父母一样,放下他们的担忧和控制呢?

所以,要想活出自己的自由,就需要担当起自己的责任,让父母看见你的独立和清晰的边界。

你,才是问题的答案。

CHAPTER FIVE

第 5 章

# 学会放下自我，找到内在安宁

〈 东方心理学 〉

# 21
# 当西方心理学遇上东方佛学会碰撞出怎样的人生智慧

## 〈 唯识 〉

做了20多年心理咨询工作，与当下的心理热正好相反，我越来越多地反思心理学作为一门学科本身的局限和咨询师作为人本身的局限。

几年前在北大召开的一次心理学会议上，我说：“就像一个人无法捏着自己的鼻子将自己提起来一样，咨询师作为人，也同样无法说，我的流派已经将人完全看清楚、说明白、找到问题解决的根本通道了。”

所有的理论流派都只是假设，在我看来，我们咨询师成长的一个重要课题是：随时随地觉察学科和自己的局限性。而要保持这份觉察，我们需要更究竟的智慧指引。

究竟，在佛学里意思是“最高境界、最彻底和最极致的”。它来自梵文，形容一种对事物有着彻底和极致的知与行的状态。比如，究竟位，从心理学角度来说，就像我们说的“达到人格的完善和稳定”；究竟觉，就像随时随地保持正念觉知、能够看见烦恼背后的真相；究竟即，则像人本主义心理学所说的自我实现。

如果说自我实现是人类的终极心理需求，也是心理健康的终极圆满状态，那么我们绝大多数人的一生，都是一场不断接近这个目标，在到达与未到达之间的行走和体验。

小时候，我常翻外公的书架，发现很多有意思的禅宗公案故事。中学时代，我也买了很多与禅学相关的书籍，经常一口气读完，意犹未尽。高考前，我曾跟母亲说：“我想学两个专业：一个是佛学，一个是学前教育。佛学可以让我像外公那样有智慧，学前教育可以让我跟孩子们在一起。”母亲大概怕我出家，故意吓唬我说：“佛学院不收近视眼！”

这个趣事，现在想来其实一直在指引着我的自我实现之路，让我在大概2006年的时候正式开始学习佛法，与济群法师有过很多关于佛学与心理学的宝贵对话和交流。

德国心理学家赫尔曼·艾宾浩斯说过一句著名的话：“心理学有一个长久的过去，却只有一个短的历史。”我国著名心理学家高觉敷先生更精确地描述说：“和西方古代不同，中国古代没有心理学的专著，但有丰富的心理学思想。”这丰富的心理学思想，既有王阳明心学，也有佛学。

佛学和心理学的结合，并不是哗众取宠、赶时髦或者故作姿态。事实上早在1922年，中国近代文学家梁启超就在名为《佛教心理学浅测》的讲演中说，佛家所谓的法就是“心理学”。虽然二者不能混为一谈，“但就学问大概的分类说，将说‘心识之相’的学问认为心理学，并无过咎”。

济群法师也曾告诉我：“要做佛学心理学的研究，可以从唯识开始，因为唯识所讲的内容和心理学中的认知行为疗法有很多相似的地方。”

济群法师在《佛学与心理治疗译丛》总序中说，自己最早和心理学结缘，是在20世纪80年代中期。因为讲授唯识的关系，翻阅了一些心理学著述。当时就感到佛法与心理学有不少相通之处。但在那个年代，多数人对佛教都误解重重，认为是迷信，是古老而不合时宜的；而心理学代表的则是科学，是崭新而契合潮流的。

济群法师认为，佛法是心性之学，和心理学一样，以解决心理问题为目标，只是两者对心理问题的定义并不一致。

心理学所解决的，主要是异常的心理问题，重点在于对某些异于常人的言行和病态心理进行纠正。所以治愈标准只是成为一个正常的人，一个为社会大众所接受的人。至于人类共有的无明、我执、贪嗔痴等心理隐患，并不在心理学的解决之列，因为在人们的观念中，早已将这些问题合法化。除非发展到病态、失控或危及他人的地步，否则不会认为它们才是心理疾病的根源所在。

而佛法所解决的，不仅是异常的心理问题，还针对那些我们习以为常的烦恼，以及在生命中潜伏已久却没有被发觉的病灶。

从佛法观点来看，每个人都是烦恼的病毒携带者，区别只在于发作程度的轻重，在于是否超越常人认定的范围。

2017 年，在心理学创新峰会上，我说："在我看来，不是'人人有病'，而是'人人有漏'。""漏"是佛学用语，泛指烦恼，具体指因为智慧不足而无法看清世界的真实相貌的"无明"状态。

我们都是生而有漏的，所以从古希腊著名思想家苏格拉底的"认识你自己"到王阳明的"知行合一"，从佛法的"唯识"到心学的"心外无物"，从认知行为流派的"非理性信念"到人本主义心理学的"自我实现"，古今中外的先哲学者们都在努力为人类找到摆脱烦恼的智慧之道与实践技术。心理学为大家提供了各种"术"，要让"术"发挥根本的作用，还需要"道"的支撑。

就像近年来很多父母在学习基于阿德勒个体心理学理论而建构的"正面管教"课程，这本身是件好事，很多人却越学习越困扰，发现在课堂练习时做得很好，到了孩子面前就功亏一篑。

一位妈妈说："学了那么多方法，结果还是一陪孩子写作业就被打回原形，心里更加自责和挫败，觉得自己永远也当不了好妈妈。"我反问这位妈妈："在你的内心深处，对人性的假设是怎样的呢？你是如何看待孩子的？"这个时候妈妈才会静下来梳理自己的内心，发现那里一直有一个非理性信念：我用了正面管教技术，孩子就可以长成我希望的样子。

我很喜欢济群法师说的："佛法是管理人生的智慧。"要想做一位好妈妈，最根本的是先管理好自己的人生。所以，佛法并不消极，相反，它是帮助人更积极和清醒地过好这一生的智慧。人生最难管理的是心，而唯识学，给我们提供了管心的途径。

唯识，是大乘佛教瑜伽行派的重要术语之一，意思是：世界上一切现象都是心识变现出来的，心外无独立的客观存在。

没错，心学的“心外无物”与唯识的观点很接近，但唯识又比“心外无物”的内涵更深广。

佛教和心理学一样，有很多不同的理论宗派，专门研究唯识论的叫唯识宗。你一定知道《西游记》里孙悟空的师父唐僧，唐代著名高僧玄奘法师就是中国唯识宗的开山鼻祖。

唯识宗将我们的心分为八识，包含了心理学所说的意识和潜意识。其中，眼、耳、鼻、舌、身、意为前六识，是通过对外界的感受、想象和思考而形成的心理活动，属于意识范畴；第七识末那识和第八识阿赖耶识，都是音译，所以不太好懂，实际上都是指平时意识不到的心理活动，类似于个体潜意识和集体潜意识范畴。

在唯识与心理学的对应关系上，南怀瑾老师的观点和济群法师有所不同。南怀瑾老师认为第七识比潜意识更深、更难以觉察，属于“俱生我执”，意思就是与生俱来的对“我”的执着。比如，你看见路边一个人在笑，如果形成的认识是“他在笑”，就属于前六识；但如果形成的认识是“他在笑我”，则已经掉入第七识，情绪反应变了，烦恼就来了。

而第八识，则是玄奘法师所说的“去后来先做主翁”，意思是指生命的真心本性和主体，它不随前面的七识而生灭，在我们出生前它先在那里，我们去世后它也仍然以不同形态延续。

唯识宗将第八识阿赖耶识作为生命的载体。济群法师说，它就像一个有着无限容量的硬盘，储藏着我们有史以来的生命信息。在生命延续过程中，过去所有的言行及喜怒哀乐，会在内心形成力量，影响现在的生命。而现在所做的一切，又会成为影响未来生命的力量。

从这个角度来看，要想自己的生命品质和亲密关系得到真正持久和彻底的改善，我们就需要从第八识开始，珍惜和清理生命的硬盘。我更愿意将这个硬盘看作花园，在这座生命花园里，你播下的每个心念的种子，都将开出对应的花，结出对应的果。

认知行为疗法强调通过对自动化思维和非理性信念等认知的调整，来治疗心理疾病，因为疾病的根源就在于错误观念。而唯识学中将这种错误观念称为“遍计所执”，意思是人们总是根据自己的经验和观念来看待外界，执着地认为那就是真相，类似“投射”，成语故事“杯弓蛇影”“疑邻窃斧”等就是最好的例子。

无论你是哪种角色，无论你目前的困扰是什么，都可以试着从眼、耳、鼻、舌、身、意、末那识和阿赖耶识入手，最终停留在第八识里，打造生命的花园。

仍然用父母陪孩子写作业时的情绪管理的那个例子。前六识里，父母可以下的功夫有：每天看见孩子的一个小进步、每天认真倾听孩子三分钟；家里点上有助于静心的纯天然熏香；管住自己的舌头，少说话、多喝水，缓解焦虑情绪；孩子做作业时，身体放松地坐在孩子身边看书而不是看手机；遇到问题，检查自己头脑中有没有“这都不会，将来怎么办”等非理性信念。然后，在第七识里去除“我”字，比如把“我怎么生了个熊孩子”改为“这熊孩子要每天硬着头皮完成作业，也真是够为难的”。最后，进入第八识，播下一颗新的种子，种子里包含着黎巴嫩诗人纪·哈·纪伯伦的一首诗——

**论孩子**

你的孩子不属于你
他们是生命的渴望
是生命自己的儿女
经由你生 与你相伴
却有自己独立的轨迹
给他们爱而不是你的意志
孩子有自己的见地
给他一个栖身的家
不要把他的精神关闭
他们的灵魂属于明日世界
……
让自己变得像个孩子

不要让孩子成为你的复制

昨天已经过去

生命向前奔涌

无法回头 川流不息

……

# 22
# 怎样才能不被他人看法裹挟而坦然做自己

〈 五蕴 〉

有一次，我和几个朋友拜访一座寺庙的住持师父。师父聊起往事，谈到早些年媒体和大众因为误解而对她有过的指责，最初也令她感受到压力，后来突然悟到有压力是因为“太把自己当真了”。师父两眼放光、笑声朗朗地对我们说：“某某是谁呀？某某谁也不是，某某也可以是狗屎！”

听到师父亲口把她自己称作“狗屎”，我的心里很感动，想起自己好多年前写过的一篇文章《我本“误会”》。文章里，我说：“我是一个‘误会’——当我以为我必须满足别人的期待，不让别人失望的时候；当我以为我能面面俱到，把所有的事情做到最好的时候；当我以为一次成功就必须永远不失败，以为一次犯错就等于全盘皆输的时候；当别人以为我是谁谁谁，当我自己以为我是谁谁谁的时候，其实，我是谁呢？我只不过是每一个人心中构建出来的那个‘我’而已，那个‘我’是我，又不是我。所以，别人的赞美或攻击与我无关。因为不贪恋赞美，所以不畏惧攻击。”

当时写这篇文章，是有感于韩国明星崔真实自杀前留下的遗言：“人言可畏”。比她早 73 年自杀的中国女演员阮玲玉，也留下了同样四个字：“人言可畏”。而我的许多来访者，也都曾深受同样的困扰，活在他人的唇舌和目光之中，不知如何做自己。

因为心疼每一个生命，所以我很想透过文字传递力量，传递我有限的所思所感。我说，被赞美的“我”，只是他人心中美好期待的投射与寄托，不是“我”本身，所以面对赞美我们可以说：“谢谢，是因为你心中美好，所以你看到美好。”而被攻击的“我”，也只是他人心中创伤和敌意的宣泄与转移，不是“我”本身。因此我们可以说：“抱歉，是因为你心中病苦，所以你看到病苦。”

我们的一生，可能被误会成很多角色：一个完美或平庸的领导，一个当红或过气的明星，一个幸福或一个不幸的人。所有这些，只是角色而已，而不是“我”本身。从某个角度来说，这个世界上本来没有“我”，那个被期待，被加了很多身份、注解和头衔的“我”，其实只不过是一个“误会”而已。去掉误会，“我”才能找回真实的自己，坦然自如地活在人类翻云覆雨的唇舌之间。

这篇文章的最后，我说：“愿逝者安息，生者智慧地拥有生命。”

智慧地拥有生命，从佛法的角度来看，生命以及世间的一切，都是五蕴和合而成的。五蕴就是五个范围，包括：色蕴、受蕴、想蕴、行蕴、识蕴。“蕴”是梵文翻译过来的，意思是积累、集合和蕴藏。五蕴以前也被翻译成五阴，大致表达的意思是：世间一切原本清净光明的本性，被色、受、想、行、识这五个方面盖住，变成了缺少智慧的无明。

“五蕴”这个词本身，你也许不那么陌生，经典佛教歌曲《般若波罗蜜多心经》，第一句就是：“观自在菩萨，行深般若波罗蜜多时，照见五蕴皆空，度一切苦厄。”大意是说：能够观照觉悟到本心自在的人，修行到很深的智慧时，洞见到集聚构成人和万物的物质、感受、思想、行为、心识等五种要素，其实都是因缘相依的生灭关系，是“缘起性空”的，而不是实体的存在，于是就从一切的痛苦与磨难中解脱了出来。

要想成为能够洞见五蕴皆空、得到解脱的大自在者，我们要先了解什么是“缘起性空”。中国科学技术大学前校长、中国科学院院士朱清时教授的文章《物理学步入禅境：缘起性空》，我非常喜欢。

朱教授说，在物理学上的弦论出现之前，大家都认为物质是由原子组成、原子又由基本粒子组成，所以粒子就像砖块一样组成了一个客观存在的物质世界；而在弦论中，情况发生了根本变化。物理学家发现，所谓的粒子并不是像砖块一样的物质存在，而是宇宙之弦的不同振动模式，就像琴弦上弹出的音符一样，在有无之间组成了多种多样的物质世界，就像《金刚经》里所说的“一切有为法，如梦幻泡影，如露亦如电，应作如是观”一样。

朱教授说，到了21世纪，以“弦论”为代表的物理学才开始步入佛教在2500多年前就总结出来的“缘起性空”境界，知道了物质不是客观实在，只有事物之间的关系才是实在的，这个关系就是“缘”。

国际知名科学家、香港理工大学前校长潘宗光教授在《佛教与人生》这本书里，举过一个例子说明什么是缘起性空。

他说，要得到一棵苹果树，首先要有一粒苹果的种子，这是“因”。但单靠这粒种子，不会长成一棵苹果树，比如把种子放在仓库里，无论放多久也不会长出树来。只有将种子放在土壤中，保持适当的水分、阳光、温度、肥料等，种子才会发芽、长大。而“土壤、水分、阳光、温度、肥料”等，就是“缘”。只有因缘和合之下，才能生出果来。如果天旱缺水，苹果树枯萎，因缘散尽了，果就会灭。

真正参透了“缘起性空”，一切外在的名相都是因缘和合而生、因缘散尽而灭的，就不会觉得人言可畏。

了解了这些，你就不会再执着于他人眼中的自己，就有了机会进一步了解什么是五蕴皆空，更大程度上解脱烦恼。

五蕴，是佛教对世间一切生灭现象所做的简单归纳和说明。佛教认为，人和世间万物都是五种东西的集合，也就是五蕴。离开了五蕴和合，一切都是不存在的。

第一蕴：色蕴，是指组成人和万物的物质，就像现代科学所说的分子、原子、粒子等。比如，农历八月十五，你在山上看月亮，你的身体、山的轮廓和月的形状，都是色。

第二蕴：受蕴，一方面是指人体的感官眼、耳、鼻、舌、身与接触外物所生的感知觉，可以理解为身受，比如，看见月亮很圆、感到山中的凉意；另一方面，也包括伴随感知觉而产生的情绪、情感、心境等，可以理解为心受，比如感到宁静或者忧伤。身受对应唯识论中的前五识；心受，则从第六识的思维、忆念等所生。

第三蕴：想蕴，是指对外界事物产生的联想、思维、认知等心理活动。比如想到“月是故乡明”“古人不见今时月，今月曾经照古人”等。

第四蕴：行蕴，是指人的行为、决策、心理活动等，比如因为起了思念之心，所以决定立刻下山、与家人团聚。

第五蕴：识蕴，就是说对外界一切的“缘起”，心中明明白白，很明了，能把外在的境界收拢来，也就是精神主体。

对人来说，除了第一个色蕴是属物质性的事物现象之外，其余四蕴都属五蕴里的精神现象。色是身体，受、想、行、识是心。五蕴是身心不断变化的过程，是客观存在的综合作用。就像月亮只是月亮，但由于我们自己的色、受、想、行、识的经验，投射了许多附加意义而已。

所以所谓的“我”并非真的“我”，就像月亮一样，只不过是五蕴和合而成的。五蕴只是一堆元素的组合，是一种暂时存在的生命形态，其中并没有固定不变的自性。虽然它和我们有关，是我们可以使用的一个工具，但不是真正的“我”。

如果把这些当作是“我”，就会影响到我们对生命真相的认识。看不到真相，才会因为执着于名誉、财富等缘起性空的存在而滋生烦恼。

我们可以试着将自己还原成五蕴，得到更多一点的自在。就像朱清时教授感慨的那样：“科学家千辛万苦爬到山顶时，佛学大师已经在此等候多时了！”

# 23
# 佛法中有哪些心灵养分可以帮我们远离烦恼

## 〈 三毒 〉

圆子两三岁的时候，我带她去厦门南普陀寺看望济群法师。在济群法师那里，遇到了一个 4 岁的小哥哥，两个小朋友很快玩到了一起，但没到一个小时，小哥哥的妈妈要带他离开了。小哥哥三步一回头，圆子则眼泪汪汪地想要留住哥哥，我正为孩子们的纯真感动，济群法师在一旁微微笑了，慢慢悠悠地说：“这么快，就起了贪心哦。”

那一刻，我有如醍醐灌顶，猛地意识到：原来在我以为很美很动人的深情背后，其实也藏着从未被觉察的贪心。这份贪恋，和贪恋地位、名誉、钱财一样，都是我们烦恼的来源。

佛法认为，人类有六大根本烦恼：贪、嗔、痴、慢、疑、恶见。贪是贪婪，嗔是生气，痴是愚痴，慢是自大，疑是多疑。这五种，被称为“五毒”，就好像是危害心灵健康的五种病毒。

第六种“恶见”，又被称为“不正见”，简单来说就是缺少智慧修习、偏离正理的见解，通常都来自自以为是的颠倒推理，有点类似认知行为疗法中所说的非理性信念，比如总认为只有自己的想法才是对的、自己的流派才是好的，等等。

如果你有机会像我一样，用20多年的时间倾听人世间的各种烦恼，你会发现：佛学确实早已对人间困扰做了全面的归纳整理，并指出了可能的解决途径。

我们可以试着从佛学中汲取各自需要的心灵养分，就像古人所说："过河需用船，登岸不需舟。"《金刚经》里也记载了释迦牟尼佛的原话："知我说法，如筏喻者，法尚应舍。"意思是：佛法只是渡人的船，过了河，就应该舍弃了，不必再执着于佛法本身。

这正是我欣赏佛法的地方，真正的佛法反对偶像崇拜，之所以说人人都可以成"佛"，就像心理学所说的人人都可以不断发展和完善自己一样，而"佛"代表的是一种终极完善的人格状态。

如果把人的一生看成不断接近完善的人格状态的行走和体验过程，心理学、心学和佛学，都可以是我们的心灵渡船和工具。把心量和视野打开，多掌握和驾驭一些工具，我们就可以针对不同的处境和不同的人生阶段，选用不同的工具，就像佛法所说的"方便法门"，仅此而已。

针对六大烦恼根源，佛法认为，要想彻底去除烦恼，就需要"断见思惑"，也就是断除不正确的知见和"贪、嗔、痴、慢、疑"这五项思惑。森田疗法的创始人森田正马先生在《神经衰弱与强迫观念的根治法》中写道："犹如佛家所说，'知惑顿断如碎石，思惑难断如藕丝'。所谓知惑，即在知识方面属于认识上的失误问题，能很容易地加以解决；但因思惑乃是感情上的迷惑与执着，恰如藕断后白丝仍然相连，很难一下子截然分开。因此它绝不是可以从理智上加以治愈的，只有在感情上能够自然地逐步恢复其正常状态，才算治愈。"

所以，我们先试着从贪、嗔、痴这"三毒"开始，细水长流慢慢断。

## 贪

说到贪，你联想到的第一幅画面是什么呢？是葛朗台扑在金币上，还是高尔基扑在书籍上？人群中，想到葛朗台式贪婪的比例，显然比想到高尔基的要大许多，因为葛式贪婪更容易被辨识，更符合人们关于人性之恶的定义。然而，比显性的"恶"更困扰日常生活的，却往往是高尔基式的看似美好的隐性的"贪"。

当然，高尔基只是一个比喻，我只想借着他的名言来跟大家分享我的觉察——就像本节开头讲到的圆子和小哥哥的故事，很多烦恼因贪而起，但当我们因为迷恋外在的美好而看不见内在贪心的话，就会受其困扰而不自知。

比如，热恋之中想要生生世世不分离，和分手多年后还停留在过去的情感里一样，都是贪，都会带来无尽的烦恼和伤害。因为怕分离，所以爱得小心翼翼、提心吊胆、神经过敏，然后因为一丁点的风吹草动就陷入争吵，吵多了就真的有可能分手，而分手就满足不了“生生世世不分离”的贪欲。于是，爱或不爱都变成了烦恼障。

我20多岁的时候，曾经在上海的老式公交车座椅靠背上，看到一句断了贪欲的表白：“某某爱某某，三年不变。”字写得歪歪扭扭，很显然出自学生之手，但这份孩子气的表白却让我欢喜好久，把它写进了当时的专栏文章里，我说：“相比成年人祈求的永恒，孩子们的‘三年’更理性和坚定，因为爱在当下，不在将来。只有爱而不贪，才能好好去爱。”

知识付费时代的“知识（信息）焦虑综合征”，也是一种让人烦恼而不自知的贪。比如，有朋友说：“我以前买了一大堆课，总觉得这也该学那也该学，其实根本来不及听，然后就会更自责更焦虑，心里每天都慌慌的。”

这类朋友外在看起来勤奋好学，内心深处却藏着对知识和完美自我的贪欲，总觉得知识越多，自己才越有价值，却因为没有选择和规划而不小心掉入了贪心带来的烦恼里。

还有一种贪，是父母对儿女的贪。比如，孩子考了95分，父母说：“为什么不是100分？还有5分哪去了？”再比如，青春期的孩子渴望独立的身心空间，父母却非要硬生生把门撬开，贪恋孩子像小时候一样跟自己无话不谈。

有个笑话说，一个外国父亲教孩子念字母A，孩子开始死活不肯开口，后来好不容易张口念了，父亲高兴坏了，马上指着字母B问：“那这个念什么呢？”孩子哇哇大哭，说：“我就知道念了A还得念B！”

听懂了的父母，可以得到一个重要的启发，那就是：孩子们有时候之所以不做，不是因为不会，而是因为抗拒父母的贪心。假如了解到这一点后，父母把握好节奏，爱而不贪、循序渐进，那么孩子的自发性和主动性才有释放的可能。

类似的贪，还有对事业的执着。一位为了公司上市差点陷入抑郁的朋友，感慨万千地对我说：“做企业，就是一条不归路！”我作为老师，以前也有很大的贪心，总想在有限的时间里放入尽可能多的内容，把自己所知道的全部分享给学生，结果学生们常常感叹：“林老师的课很好听，就是信息量太大、时间太短啦！”于是，我试着放下贪心、调整节奏，自己和学生们也就更放松了。

那么，在你所面临的烦恼后面，有没有藏着自己不知道的贪心呢？如果有，试着减少一点点，看看结果会有什么不同。

## 嗔

企业培训和给家长老师们讲课时，我常常会问大家：“每个人一天当中生得最多的是什么？”几乎所有人都会异口同声地回答：“气！”我说：“看来我们都是‘气’大的。其实正确答案是念头。我们之所以生气，是因为先动了嗔念。”

就像认知行为疗法中ABC理论所说，不是人和事件本身，而是我们对人对事的看法，决定着我们的情绪反应和行为。嗔怒伤人伤已，所以很多朋友都想知道如何管理自己的愤怒。而要管理愤怒，可以先从管理念头开始。

我表妹6岁时，晚上和我一起睡，蚊帐里有只蚊子，她自告奋勇起来打，可是每次都打不到，于是小姑娘泰然自若地躺了下来，说："没关系，不就是一只蚊子吗？让它咬，它吃饱了就不咬了！"我哑然失笑，心里佩服到现在。假如不是她放下了对蚊子的嗔念，恐怕那一晚上都要折腾了。

同样，你的愤怒背后都藏着哪些与别人无关的嗔念？找到它，就能你的情绪你做主了。

## 痴

痴是一切问题的源头，是愚痴，是缺少智慧的无明。无明就是心灵的黑暗，看不清自己和世界的本来面目，把五蕴和合而成的"我"太当真了，比如把身体、相貌、地位、身份等，等同于"我"本身。事实上，它们虽然和我们有关，但只是暂时而不是永久的关系，如果过度执着和依赖，就会因为关系的无常变化而产生烦恼。

比如，有些过度整容的人，不管在别人眼里有多正常多漂亮，他们还是会感到不满，总觉得自己的鼻子是歪的、嘴太大了，等等。心理学上将这种现象称作“躯体变形障碍”，是一种严重但可以治疗的精神疾病，大多数患者只是希望自己看上去是正常的，而不是虚荣地期望更美。

这种症状可能是生物、心理、社会文化等多重因素导致的，而从佛学的视角来看，就与痴心带来的“我执”有关。佛法禅宗里有一种修行方法叫作“白骨观”，是南怀瑾老师生前一直提倡的。简单来说，就是通过观想所有人的色身之下，其实不过一堆骨头、没有美丑好坏之分，来逐渐破除对五蕴和合之身的执着和愚痴，获得关于生命的智慧，最终“凝神以成躯”。

了解了三毒的危害，我们就可以随时随地自我检查，就像查甲醛超标一样，看看它们对自己造成的影响有没有超出可承受的范围。如果有，你就可以拿出佛法提供的智慧宝剑：“勤修戒定慧，息灭贪嗔痴。”

戒，就是自律；定，就是回归本心、向内求；慧，则是对宇宙生命种种实相，有透彻、圆融的了知，知道“无所得”，所以不怕“有所失”，最终“心无挂碍，无有恐怖，远离颠倒梦想，究竟涅槃”。涅槃，就是息灭贪嗔痴，断除一切烦恼后所达到的圆满的心灵境界。

# 24
# 有多少我们以为的生活真相只是内心的执念

## 〈 心相 〉

心相，是我“压箱底”的心灵宝藏。如果说 20 多年的心理工作，让我积淀了一些可以贡献给大家、贡献给中国心理行业的实践经验和心得感悟的话，我愿意用接下来的 5 年乃至更长的时间，将它们慢慢整理出来，形成的理论和技术就命名为“心相疗法”。

创立心相疗法的念头，产生于 10 多年前。那时，我们接到一位重度抑郁症来访者的求助电话。因为重度抑郁症的自杀风险很高，必须先进行药物治疗，所以助理先是按照机构常规进行转介，请她先去医院就诊，可是来访者说已经是二次复发，一直在吃药，但效果不佳，如果我们不接受她的预约，她就真的走投无路了。大家反复讨论后，决心在签订“不自杀契约”的条件下，给她安排经验丰富、有医学背景的咨询师，全力帮助她。

咨询的过程漫长而艰难，来访者同时又接连遭遇家庭的变故，几次出现危机，生死关头开始给我写信。我和她的咨询师商定以